時を重ねて、自由に暮らす

50代、60代からの衣職住

山中とみこ

X-Knowledge

不器用な人生を送ってきたけれど
人生って案外捨てたもんじゃない
ものもひとも時を重ねてこそ
そのものの魅力、
変化がプラスされていく
朽ちることも老いていく自分も
素直に受け入れつつ
前向きに生きていきたい

山中とみこ

はじめに

山中とみこ

昭和29年、青森県に生まれた私は、米軍基地の横を通ったときに見た平屋住宅の暮らしや、映画や雑誌で見るおしゃれなインテリア、ファッションに憧れを抱きながら毎日を送っていました。

スタイリストやデザイナーなど、カタカナ職業に就くことを夢見つつも、警察官だったお堅い父に許してもらえるはずもありません。「なりたい」と口に出すことすらできないまま、自分の胸にそっとしまい込み、福祉を学ぼうと大学に進みました。せめて東京に行きたいと、上京して首都圏の大学に入ったことが、私にできる精一杯の冒険でした。

その後は24歳でサラリーマンの主人と結婚すると、ふたりの男の子を授かり子育てに専念。当時は女性の多くが、家庭に入っていた時代です。私もその頃は、団地に住みながら日々の生活と育児に、懸命に向き合っていました。下の子の就学を待って、リフォーム会社へパートに出たのが35歳のとき。そこから自宅ショップを開いたり、古道具屋を営んだり……と紆余曲折を経て、未経験のまま、40代でオリジナルの服づくりをスタートしたのです。

服づくりを始めたからといって、すぐに軌道に乗るわけではありませんでした。子どもたちの学費にお金がかかったり、親の介護で手一杯になったりしながらも、ようやくつかみかけた自分の道を決してあきらめずに進んできました。

そうして60代になってから、自分でも驚くほどに、いろんなことが実り始めたのです。初めての著書の出版、小さな店舗のオープン、海外での展示会デビュー。

気がつけば、10代の頃に夢見ていたデザイナーの職業に、たどり着いていました。自転車操業ではありますが、65歳の今、人生でいちばん充実した毎日を送っています。仕事だけでなく、家族との関係や暮らしのすべてがほどほどにバランスがとれているからこそ、そう思えるのでしょう。

昨今は、人生１００年時代といわれています。

若い人と話をするとき、「将来が不安」「何をして生きていけばいいのか」という声をよく聞くようになりました。

私は有名人でもなければ、大成功をおさめているわけでもない一個人事業主ですが、その時々の「自分にできること」のなかから楽しみを見つけてきました。専業主婦時代から現在に至るまで、身の丈で暮らしに向き合ってきたことも、毎日の充実につながっています。

もしかしたら、そんな私の現実的な人生を振り返ることで、何かを始めるきっかけとなったり、みなさんの気持ちがラクになったりすることもあるかもしれない……。そんな思いでこの本をつくりました。最後まで読んでいただけたらうれしく思います。

これまでの足跡

10代
上京。大学で福祉を学ぶ

20代
24歳で結婚
長男出産。専業主婦になり、公営団地に住む
無農薬野菜などの共同購入に参加
古道具が好きになる
趣味で子ども服をつくり始める
次男出産

30代
次男の就学を機に、リフォーム会社で企画職に就く
友人の自宅を借りて、展示会を開催
古物商の資格を取る
自宅ショップに挑戦するも、3カ月でクローズに
住宅街の一軒家に古道具屋オープン

40代
古道具屋を駅前に移転
古道具とカフェの店にリニューアル
店を閉めて、実家の母の介護へ
特別支援学級の臨時職員になる
現在のマンションに引っ越し
『スタジオa1401』を立ち上げ、自宅で展示会を
開きながら、オリジナルの服づくりを始める
リビングをセルフリフォーム
再び母の介護へ
大人の普段着のレーベル『CHICU+CHICU
5/31』を立ち上げる

50代

長男独立。長男の部屋は夫の個室に

次男独立。次男の部屋を自分のアトリエとして
リフォーム

53歳で初めての個展を開く

夫の個室をリフォーム

キッチン、リビングなどをリフォーム

60代

初の著書『古い布でつくる』（主婦と生活社）を出版

埼玉県川口市「ｓｅｎｋｉｙａ」内に、店舗を間借り

自宅の近所に「作業所」を借りる

服の縫製を、縫製工場に移行

ギャラリー&ショップスペース「山中倉庫」をオープン

ワークショップなどに使う「山中荘」を構える

子育てに向き合っていた専業主婦時代。工夫しながら2DKの団地暮らしを楽しんでいました。

もくじ

第1章　自分流に住まう

第2章　60代の暮らしと家族

第3章　大人のおしゃれ

第4章　人生後半からの自分探し

Staff
取材・文　石川理恵
写真　安永ケンタウロス
デザイン　三上祥子（Vaa）
編集　別府美絹（エクスナレッジ）

第1章　自分流に住まう

身の丈にあったのは、70平米の中古マンションでした

わが家のリビングには、カーテンがありません。マンションの14階に暮らしているため、窓からの見晴らしを遮りたくなくて、入居当時よりつけてないのです。朝起きて部屋から空を眺めるとき、街の緑を見下ろすとき、すーっと気持ちがほぐれていくのを感じます。家族がいたり仕事をしていたりすると、部屋じゅうがつねに片づいているなんてことはあり得ないけれど、長年の主婦生活で培った「散らかってみえないごまかし収納」と、清々しい景色に囲まれているおかげで、どうにか許容範囲が保たれており、心の平穏につながっています。

私にとって、思い通りの空間で暮らしているかどうかが日々の幸福感を大きく左右します。でもそれは、立派な家具や建築家の手腕などで叶えるものではなく、自分が優先させたいのは何かをつねに問いながら、ちょっとした工夫や取捨選択によ

って叶えていくものだと思っています。収納などの住みこなしについては追っててつぶやくこととして、まずは住まい選びやリフォームのことを振り返っていきます。

1996年に現在の高層マンションに引っ越す前までは、結婚から20年近く、賃貸の団地暮らしをしていました。私も主人も家に対する所有願望はなかったですし、子育てするにはとてもいい環境だったのです。

家族4人で住んでいたのは、2DK（約45㎡）の間取りです。6畳と4畳半の個室に2段ベッドや学習机を置き、小さな空間をやりくりして、長男が高校生、次男が中学生になるまでを過ごしました。

私自身はものの適量を守れるタイプですが、子どもたちは大きくなるにつれ、部活の道具が増えたり趣味のものを集め出したり、当然、ものが多くなりました。

いよいよ手狭になって引っ越しを迫られたとき、考えが一転し、家を買おうと決心。その理由は、持ち家ならば自由に手を加えられると思ったからです。

それまで家具で空間を仕切ったり、好みでない壁を板で覆ったりしてインテリアを楽しんでいましたが、当時の賃貸物件では思うように釘も打てずＤＩＹなんてもってのほかでした。世の中にはマイホームに憧れる人と、好きなように住みたい人とがいるように思いますが、私の場合はいうまでもなく後者です。

最初は一軒家を考えましたが、物件をチェックし始めてすぐに、わが家の予算では手が届かないとわかりあきらめることに。

次に、中古マンションに照準を絞り、次男が転校しない範囲の地域で2～3軒ほど内見し、当時築24年だったこの物件で即決したのです。

決め手になったのは、高層階からの素晴らしい眺望と、古いゆえに素っ気ない部屋のつくりです。最近では、中古マンションを購入してリノベーションする人も増えていますが、その頃は、子どもがいて中古マンションを選択する人は、まわりには多くいませんでした。それでも私が中古を選んだのは、新築のマンションと違って、余計なものがついていないのがよかったのです。洗面台に朝シャン機能が付いてなかったりスイッチがレトロだったり、他の人が不便と思うようなことが、私には好ましく思えました。

また、3DK（約70㎡）の間取りに、リフォームの可能性も感じました。眺望のいい窓側に面して和室、ダイニングが並んでいましたが、そこをつなげて広いリビングのある2LDKにすれば、窓からの眺めを最大限に満喫できることが、はっきりとイメージできたのです。

将来的には、キッチンのシンクを窓の方に向けるリフォームもしてみたい。そうすることができたなら、面倒な食器洗いも景色を眺めながら楽しくできるに違いないと、夢は広がるばかりでした。

こうして42歳のとき、現在のマンションに引っ越すと、私のリフォーム遍歴が始まります。引っ越し直後はリフォームに予算をまわす余裕がなかったので、まずは自分でできる範囲でDIYをしました。さっそく手を入れたのは、色合いが好みではなかったキッチンの戸棚とタイルです。小豆色の戸棚をペンキで白く塗り、ピンクのタイルにはブリックタイルを貼って目隠し。それだけでたちまち印象が変わり、キッチンに立つのがうれしくなりました。

次なるDIYは、住み始めて2年目ぐらいに決行。夫婦の寝室である和室とダイニングとをつなげてリビングをつくる、大がかりなセルフリフォームに取りかかりました。そこをひと続きにすることで広いリビングが実現し、窓に向けて視界が広がると思ったからです。友人のご主人に手伝ってもらいながら、畳とふすまを取り払い、床は板張りにして、新たにクローゼットを設置。天井や床はすべて自分で白くペイントしました。

素人にはたいへんすぎる作業でトータル2カ月もかかったし、仕上がりもそれなりではありましたが、大きな窓から差し込む光が白い床や天井に反射して、明るい空間に生まれ変わりました。それによって窓の外の景色と室内が調和したような、心地よさが得られたのです。

新たに2LDKとなった間取りは、これまで通り6畳の洋間を長男の個室、4畳半の和室を次男の個室として使い、私たち夫婦はリビングの片隅に布団を敷いて寝ることに。板の間に布団を敷くと話すとびっくりする人もいるのですが、私たち夫婦は団地時代からそうしていたので、とくに抵抗はありません。そんなことよりも、自分が思い描いていた理想の空間で過ごせることが、心地よかったのです。

子どもたちが独立して、ようやく手に入れた自分のアトリエ

入居から8年が過ぎた頃、長男が独立して家を出ることに。6畳の洋間はその日から、主人の個室になりました。その2年後に今度は次男が独立。明け渡された4畳半の和室が、晴れて私の個室になりました。

それまでは服づくりを始めて9年間、ずっと仕事部屋が欲しいのをガマンして、ダイニングテーブルで布を裁断したり、ミシンをかけたりしていました。食事のたびにいちいち片づけるのが、とても面倒でした。どれだけこの日を待ちわびていたでしょう。子どもたちが巣立ったさみしさよりも、「やっと好きなようにできる！」という、うれしい気持ちが勝っていました。

しばらくは和室のままで仕事をしながら、模様替えのイメージをふくらませていた私に、その頃雑誌の取材でお世話になっていたライターの伊藤嘉津子さんが、素

敵な大工さんを紹介してくれました。前回のセルフリフォームで何度もペンキを買い足したり、大幅に時間を費やしたりした経験から、今回は予算がかかってもプロに頼みたいと奮発しました。

仕事部屋づくりでいちばんに叶えたかったのは、リビングに面した壁の一部に、小窓をはめ込むこと（P52の写真）。それにより仕事部屋からも、リビング越しの窓からの景色を楽しむことができます。大工さんは私の意図をくみ取って、ちょうどいいサイズの硝子窓を持ち込んでくれました。そして、和室の畳は味のある板張りになり、押し入れは大量の布のストックコーナーに生まれ変わったのです。

それからは、自宅での仕事もとてもはかどるようになりました。もし、子どもの帰省のために個室を残したとしても、年に何回使うかわからず、荷物置き場になるのが目に見えていました。それならば……と、これからの自分たちの人生の楽しみのために活用したのは大正解。主人と私、それぞれに個室を持ったことで、夫婦ふたりの暮らしにも新鮮さとメリハリが加わりました。

始末のいい暮らしを目指し、50代で住まいをリセット

もっとシンプルに暮らしたい――。歳を重ねてより一層、その思いが強くなりました。夫婦ふたりの生活が始まると、次に考えるのは老後です。なるべく子どもたちに負担をかけることなく、始末のいい暮らしがしたいもの。

次第に気になり始めたのが、主人の部屋のことでした。わが家の男連中は、独立した息子たちにも主人にも収集癖があり、買うわ、捨てないわで、ものは増える一方。私としては、個室内のことには口出ししない方針だったのですが、主人も還暦を過ぎたのだし、そろそろ一度、見直したほうがいいのではと思うようになりました。主人の6畳洋間だけは入居してから1回もリフォームしておらず、前住人のカーペットをそのまま使っていたり、北側で湿気が多かったりすることも、居心地が悪そうで気がかりでした。

そんなある日のこと。マンションのポストに、隣の棟でリフォーム完成のオープンハウスがあるというチラシが入っていました。主人を誘って出かけてみると、思っていた以上に素敵な仕上がり。めずらしく主人も乗り気になったので、たたみかけるように説得をしました。

「歳をとってからだと動くのが面倒になるし、寝込んでからでは遅いし、ものを減らしてリフォームをして、片づけやすい快適な部屋にしましょう」と。

仕事の早い工務店さんがその日の夕方には見積もりに訪れ、トントン拍子でリフォームが決定。設計は友人である若き建築士の亀井寛之さんにお願いし、私が考えたプランを図面に落としてもらいました。使いにくい家具は処分し、持ち物に合わせた壁面収納をオーダーメイドして、コックピットのような部屋が完成したのです。

さて、主人の部屋が変わっていくのを見ながら私は、ほかの場所もリフォームしたくて、うずうずしていました。

10年以上前にセルフリフォームをしたリビングは、ペンキの塗りむらやざっくりとした木の表情に味わいがあります。全体を白くまとめつつも、どこかジャンクな雰囲気があるところが気に入っていました。

けれども時代の流れなのか、はたまた自分が歳を取ったからなのか、だんだんと手づくりっぽい表情が重たく感じるようになっていました。もっとすっきりさせたい。ノイズのない部屋にしたい。常日頃から感じていた思いがフツフツとわき上がってきましたが、先立つものがありません。今回は主人の部屋がきれいになれば十分と、当初の課題が解決したことに満足をしました。

ところが、ほどなくしてリフォームの機会は、またぐってきました。服の材料を仕入れるために計画していた海外旅行が、諸事情で中止となったのです。これはリフォームにまわすしかない。初めてのフランス旅行だったこともあり、それはそれは楽しみにしながら、まとまったお金を貯めていたのです。

私は同じ工務店さんに再び依頼をかけました。叶えたいのはリビングの手づくり感を一掃してシンプルにすることと、壁側に向いていたキッチンを窓側に向けること。とくにキッチンの向きを変えるのは入居当初からの念願です。いよいよこの日がきたのかと、気持ちが盛り上がりました。

これが人生最後のリフォームだ。シンプルで機能的な、歳をとっても疲れない家にしよう。そんな意気込みを持って計画はスタート。いざ見積もりをとってみると、キッチンだけでもけっこうな金額になってしまいました。でも、そこであきらめる（＝予算をアップする）私ではありません。むしろマイナスの状況にやる気を燃やして、一つひとつの項目を見直しました。

まず、キッチンは向きを変えたいだけなので、メーカーのシステムキッチンではなく、シンプルなイケア製のＬ字型キッチンで予算を削減。イケアの製品は工事方法がイレギュラーのため、別途、施工業者を依頼する必要がありましたが、施工料を含めても料金は安くなりました。

続いて見積もりに大きく響いていた、ＬＤＫと廊下の床の張り替えを見直しました。海外旅行程度の予算だと、広い範囲の床の張り替えは予算オーバー。

そこで、いっそのこと張り替えではなく、安価なベニヤ板で既存の床を覆ってもらう方法を提案しました。通常、ベニヤ板は下地に使うものですが、私はそのざっくりした質感が好みだったので、「これでいいじゃない！」と思ったのです。さすがにベニヤ板だけだと割れてしまいますが、既存の床に張るならば大丈夫（工務店に確認しました）。ベニヤ板が薄い方がより安くなるので、強度が大丈夫な範囲でギリギリの薄さを指定し、大幅にコストを削減できました。

いざ仕上がってみると、ベニヤ板の粗い質感が、手持ちの古い家具とも相性がぴったり。一般的なフローリングのような溝がないぶん、すっきり見えるところも気に入っています。

デメリットとしては、シミになりやすかったり、だんだんと釘が出てくるから時々かなづちで叩いて引っ込めなくてはいけなかったり、安いだけの難はあります。でも、私にとっては、機能性より見た目や空間の雰囲気の方が大切。がまんできる範囲の欠点ならば、付き合っていけばいいかなと、今のところは思っています。

そのほかに、扉つきの造りつけ収納を何カ所かつくりたかったのですが、予算削減のためにあきらめました。扉つきの造作家具類は、工務店の大工さんが担当するのではなく家具職人さんに外注することが多いため、予算がかさみがち。私はよくよく考え直して、テレビや布団などをしまうリビングの収納棚と、キッチンカウンターの食器棚、そのふたつだけをお願いしました。

思いがけずリフォームのタイミングを得て、限られた予算の中で考える部屋づくりではありましたが、結果として自分の生活の優先順位をあらためて問い直す、おもしろい作業となったのでした。

リフォームの経験を重ねてわかったベストな方法

中古マンションの購入から15年目にして「人生最後のリフォーム」を終えたあとの毎日は、これまでとは段違いに快適になり、「住まいを変えれば、暮らしが変わる」ことをあらためて実感しました。シンプルで機能的だと見た目にすっきりしているだけでなく、家事がとてもラクなのです。

たとえば床や壁は、もともとセルフリフォームによるペンキの塗りむらやブリックタイルなどのデコボコがあったのですが、それをプロの手でフラットにしたことで汚れがたまりにくく、拭き掃除がしやすくなりました。

また、L字型のキッチンにしたら料理がしやすくなったし、ほどよい高さに設定したキッチンカウンターが配膳に活躍するほか、リビング側からシンクを目隠しする効果も予想以上です。前はリビングからキッチン内が丸見えだったので、キッチンが少しでも片づいてないと気疲れをしていましたが、カウンターで目隠しをしたことによりそのストレスから解放されました。

ここにたどり着くまで、さまざまな方法で家を変えてきました。大がかりなＤＩＹ、センスのいいプロにゆだねる、自分で細かいプランを練って作業はプロに依頼するなど……。

経験を重ねたからできるようになったことではありますが、私には最後の方法「プランは自分で、作業はプロ」というのが、しっくりきました。自分でコスト管理をしながら、プロの仕上がりが享受できるからです。

リフォームをする際、全体のイメージを持つことが大切ですが、「プランは自分で、作業はプロ」の方法の場合、より具体的にイメージを持つようにしました。

まず、業者さんにふつうに見積もりをとると無難なプランが上がってくるけれど、そこで任せきりにはしません。やりたいことをあきらめずにコストを下げるには、素材のランクを下げるのが近道。イメージを具体化するために「何にこだわらないか」を考えて、業者さんに伝えます。

木材などの素材はいいものじゃなくていい、アクセントの色は一切いらない……という具合に、こだわらないポイントを明確にするのです。それでもイメージが伝わらない、コストが下げられないときには、木材を「ベニヤ板でいい」と指定したり、洗面台などはネットで検索して見つけたものを指定したり、より具体化していきます。私はインテリアが大好きなので、自分で調べることを楽しみながら進められました。

最近では、ちょっとした手直しについては、シルバー人材センターに登録している職人の方のお世話になっています。長年、プロとして働いてきた方々が登録しているので腕前は確か。これまでに棚をつける、洋服をかけるフックをつけるなど、計5回ぐらいの依頼をしました。自治体のシルバー人材センターに問い合わせれば、大工さんの登録があるかどうかがわかりますし、予算の目安も教えてもらえます。

さて、覚えている範囲で予算を振り替えると、4.5畳のアトリエのリフォームが80万円、主人の部屋をコックピットにリフォームするのが90万円、キッチン、リビング、廊下のリフォームが１８０万円でした。セルフリフォームを入れたら、トータルでけっこうな出費になります。本当なら、入居前に一気にリフォームすれば住みながら工事をする手間もかからなかったし、予算も抑えられたかもしれません。けれど、暮らしが変化していくのに合わせたタイミングでリフォームをした結果、自分の理想の住まいに近づけたのだと思います。

かつては一日の終わりに食器洗いをするのが、もっとも苦手な家事でした。それがキッチンの向きを窓側に変えてからというもの、星空を眺めながら食器洗いができるように。そんなささやかな出来事が、毎日をとても幸せにしてくれます。

２０１０年、主人の部屋からスタートした一連の住まいのリセットは、残りの人生を豊かに暮らすためのステージづくりだった気がしています。

持ち物の量を見直すタイミングは人それぞれにやってくる

私はもともと好きなものしか持たない、意志の強いところがあります。4人家族のわりには狭い家で暮らしてきたこともあって、日々の生活に使う道具、本や雑誌、衣類などの身のまわりのものについては、増えすぎることはありませんでした。

適量をキープするために、だいたい半年に1回のペースで持ち物の見直しをしています。たとえば衣類ならくたびれたもの、汚れのあるものは迷わず処分。それ以外の服については、「これはまだ着る」「これは最近、着てないな」と、1枚1枚チェックしながら、「捨てる／残す」を考えます。

とくに私は服が好きだから、新しい服を買うためにも、着ていない服は思い切って手放すことにしています。もしも捨てる決意がつかない服があったとしても、半年に1回の見直しを繰り返しているうちに、3回目ぐらいで「またこの服か。いい加減、捨てよう」という気持ちになれるのです。ちなみに処分する服は、まめな主人がハサミでカットし、掃除用のウエスにしてくれます。

そんなふうに、身のまわりのものについては手放せる一方で、30～40代の頃に古道具屋を営んでいたときの商品の一部は、手元に残していました。知り合いの店でフリーマーケットを開いたりして、少しずつは減らしていたのですが、思い入れのある仕入れをしたもの、ディスプレイに使っていた特徴のあるものは、フリマには出せなかったのです。

押し入れの天袋やマンションのトランクルームにしまい込んだまま、いつの間にか15年以上が過ぎました。片づけのたびにそれらが出てきてはやっぱり捨てられないと、またしまい込む――を繰り返すうちに、いい加減、手放そうという気持ちになってきたのは50代の半ばのことです。本当は行き先を選びたかったのですが、結局は効率的に古道具屋さんにまとめて引き取ってもらいました。当然、安い値段しかつかず、この期に及んで後ろ髪を引かれる思いがしたものです。

昨今の世の中はミニマムに暮らすことがブーム。ものを減らす本もたくさんありますが、年月を重ねたものや思い入れがあるものまで、一気に手放すのは難しいこと……。時間をかけなければ納得できないことって、あるのかもしれません。もしどうしても捨てられないものがあるとしたら、時間が解決してくれるまで待ってもいいのかも。

いろいろなものを手放した私ですが、それでもまだ、人から見ればガラクタとしか思えないものを部屋に飾っています。やはり古道具屋時代に出合って手に入れた音の出ないステレオと、動かないタイムレコーダーです。私にとっては、いつ見ても飽きることのない大のお気に入り。これからも迷うことなく、持ち続けていくと思います。

大きな片づけの原動力になるのは、この先の暮らしに対する思いです。私は持ち物の整理整頓をするとき、自分がどう暮らしたいかをイメージし、そのイメージに「もの」が必要かどうかを考えます。どういう暮らしが理想か、どういう環境が心地いいか……。

「もの」を整理することは、自分を見つめ直すことにつながっています。

「面」を意識すれば、部屋はすっきり片づいて見える

友人を家に招くと、「シンプルだけれど、味のあるインテリアだね」「とみこさんの好きなものがよくわかる」などと、いわれることがあります。

自分好みの部屋をつくるコツは実に単純です。「目に見えているのは何か」を意識すればいいのです。

見せたくないものは隠し、見せたいものだけを表に出す。

そのバランスをどうとっていくか、何を見せるかがその人らしい空間につながります。そして、部屋の印象は「面」に左右されるものだから、自分が好きな色や素材で広い面をつくると、好きな空間に近づきます。

面の効果を実感したのは、今のマンションに引っ越す前。２ＤＫの団地で暮らしていた頃のことです。主人の母からいただいた引っ越し祝いで、カーテンをオーダ

ーしました。狭い部屋だったから大きな家具は置けないけれど、面積の広いカーテンを好みのものにすれば、自分が好きなインテリアに近づけるだろうと奮発したのです。実際にカーテンをかけてみると、部屋の印象はガラリと変わりました。

今のマンションに越してからは、天井や壁やキッチン戸棚、造りつけ収納の扉など、「面」のほとんどを「白」でまとめています。歳をとってなおさらに、白は疲れない色だと実感するようになりました。目に見える範囲の情報を少なくする。それだけでだいぶ気持ちが落ち着くのです。

その反面、色のついたものが目につくとごちゃごちゃして感じるし、散らかって見えるため隠します。黒いテレビやカラフルな孫のおもちゃ、色のついた器類は、扉のついた棚にすべて収納（P56、60の写真）。生活感が出ないようにしています。

インテリア好きではあるものの、私は片づけをマメにできる性格ではありません。収納を小分けにすると扉や引き出しの開け閉めが面倒になってしまいます。だから大きな造りつけの棚に一気にしまうのがラク。扉のなかまではきれいに整えないので、お客さまにはとてもお見せできませんが（笑）。

ちなみに2DKの団地時代は、家族の衣類はすべて押し入れの中へ収納していました。朝の支度の時間帯などはふすまをあけておき、ササッと出し入れ。家族が出かけたらふすまを閉めて、一気に目隠し。造りつけ収納は誰にでもマネできる方法ではないかもしれませんが、押し入れを使ったり布で隠したり、その家によって工夫できることがきっとあると思います。

シンプルな空間に、ちょっとだけ好きなものを飾るのが好き。目線よりも高い位置に並べるのがちょうどいいバランスです。

余白をつくり、好きなものを飾る

見せなくないものがすべて隠されて白い面が広がっていると、部屋のなかはとてもすっきりします。とはいえ、あまりにもフラットな空間だけでは、味気ない部屋になってしまいがちです。

ベースをシンプルにしつつ、「見せるもの／飾るもの」を加えていく。そのバランスをとるのは、インテリアが好きな私にはとてもおもしろいことです。

「飾り方」にはポイントがあります。たとえ好きなものでも、目線の高さに飾っていると目立ちすぎる感じがします。「目線より高い場所」に並べるようにしたら、さりげなくていいバランスになりました。

私が飾るのは、好きな作家の作品や古いがらくたばかり。白い空間に少しだけ好きなものを飾ると、ものが引き立ち、自分の「好き」がくっきりします。

また、わが家では「見せる収納にしていいもの」が2つだけあります。それは、ガラスの器と白い服です。どちらも色味はないけれど、素材の美しさが感じられるもの。ゆらゆらとしたガラス、風合いのあるリネンやコットンが、空間にやわらかなメリハリをあたえてくれます（P59、61の写真）。自分の好きな素材をいつも眺めていられるだけで、部屋の居心地もよくなる気がします。

同様に、空間の居心地を高めてくれるのが植物です。住まいに多肉植物や観葉植物を欠かしたことがありません。

朝起きると、ベランダの植物に水をあげるのが日課。水をあげすぎると根腐れしてしまうので、その日に見て土が乾いているものにだけサーッと水やりをする程度だから、手間もかかりません。何度買っても枯らしてしまう植物もあれば、鉢の植え替えもしていないのに20年以上も生きている植物も。緑のグラデーションを眺めていると、ホッとした気持ちになります。

LDKは白がベースのすっきりした空間に、古い家具や小物などを少しだけ配置。シンプルながらも、味わいを感じられるインテリアが気に入っています。

わが家のLDKからは、窓の外に広い空が見渡せます。この景色を遮りたくなくて、入居以来カーテンをつけていません。グリーンを並べてより心地よく。

入居当初は壁向きにＩ型のキッチンがついていました。リフォームによりＬ字型キッチンに変更することで、シンクからも窓の外が見渡せる配置を実現。

古いガラスが持つ独特のゆらぎのあるケースは、木や竹などのカトラリー入れに。生活道具に古いものを取り入れて、その素材感を楽しんでいます。

かつての次男の個室をリフォームして手に入れた、私のアトリエです。壁に小窓をつけて、リビング越しに窓の外の景色を楽しめるようにしました。

アトリエ内、小窓の対面側。もとは和室の押し入れ部分が、リフォームにより
布のストックコーナーに生まれ変わり、眺めているだけでうれしいコーナーに。

玄関には靴箱として、古い箪笥を置いています。天井のハンガーポールは、シルバー人材センターの職人の方につけてもらったもの。来客時のコートかけに。

主人の実家を取り壊す際に、いくつかのパーツを大切に持ち帰りました。これはお風呂場の照明だったもの。電気工事を依頼して取りつけています。

右上／リビングの一角の棚の上は好きなものを飾る特等席に。下／リビングに設置した造りつけ収納のなかには、テレビ、孫のおもちゃ、布団、色のある洋服などを一気に隠しています。左上／ベニヤ板で仕上げた床。リフォームから８年が経ち、味のある色に育ってきました。

右上／リネンの古い布をカーテン代わりに。右下／ドアストッパーに使っているのは靴の修理台だったもの。左上／上部の窓は主人の実家で使われていた欄間。再利用したくてガラス屋さんでガラスをはめてもらいました。左下／廊下の物置の扉は、裏側の木肌が好みなので、あえて裏返しで付けています。

入居当初は6畳の和室だったコーナー。ダイニングとひと続きにしてリビングになりました。窓際の時計らしきものは、古道具のタイムレコーダーです。

色のついた服は造りつけ収納にしまいますが、白い服だけはソファの横につるして、見せる収納に。白い服は傷んだり汚れたりしたら潔く処分しています。

キッチンカウンターの下の造りつけ収納のなかには、ガラス以外の食器をしまっています。右／コースターを入れている引き出しは、以前使っていた家具を再利用。リフォーム時、この引き出しに合わせて収納棚のサイズを設計してもらいました。左／扉を開くと一面に見渡せるのが使いやすさのポイント。

リビングに置いた古い医療棚のなかは、ガラスの食器で統一し、見せる収納に。
ガラスが好きな私にとって、ここから器を選ぶのは幸せな時間です。

第2章　60代の暮らしと家族

長続きしなかった体質改善も自分に合う方法にたどり着いて

歳とともに、体型は変化していきます。私は産後の体重が戻せないまま、その後もゆるやかに増えていきました。

運動音痴で体を動かすこととは無縁だった私も、50代になっていよいよジム通いを決意。体重や体脂肪が増えるだけでなく、肩こりや腰痛にも悩まされていたから、なおさら運動を……と思ったのです。マシンの使い方を習い、自分にあったプログラムの指導を受けて、何回か通ったのですが、ちょうど仕事も忙しい時期だったこともあり、次第に足が遠のいてしまいました。

しばらくして、ジムがダメなら水泳をと、プールにも通いましたが、どうしてもクロールの息継ぎができるようになりませんでした（笑）。ウォーキングコースをひたすら歩くだけでは体重に変化も起こらず……。半年はがんばったのですが、だんだんつまらなくなって再びフェードアウトです。

自分ひとりでやるからダメなんだ。そう気づいた私は主人を巻き込み、ウォーキングを始めたこともあります。気分を上げるために赤いリュックを買って背負い、主人の後ろをひたすらついていきました。

しかし、これも長続きせず……。このときの敗因は、朝が早すぎたこと。頭がボーッとしていて身が入らず、またもつまらなくなってやめてしまいました。その他にも、流行りのヨガを友人の紹介で受けたりしましたが、自宅でマンツーマン方式が合わなかったのか、1回キリで終了してしまいました。

体重はその後も増える一方。肩こりがひどくなったときにマッサージに行くだけの日々が、4~5年は続いたと思います。

そんな私が60代半ばになった頃、ようやくやる気になったのは、呼吸体操合宿です。深呼吸をマスターするのが目的の2泊3日コースで、食事も粗食のため減量効果もあるとか。何をしても痩せなかった私はたいして期待せず、友だちと行くことを楽しむつもりで参加したのです。結果は0.7キログラムのマイナスとなりました。

するると、私のなかでスイッチが入りました。2日間を少食で過ごしたから当たり前なのかもしれませんが、たとえ0.7キロでも、深呼吸をしていただけで「体重が減った」という事実がその気にさせました。これまで、泳いでも歩いても何をしても痩せなかったのですから。

帰宅してからも呼吸法を続けつつ、このやる気を逃すまいとさらに一念発起。根本的な体質を改善するためには筋肉をつけるしかないと、パーソナルトレーニングジムに通うことを決心。ちょうど仕事場に近い場所でいいジムが見つかり、週2回2カ月間のコースに入会しました。毎日、食べたものを撮影してLINEで送るという、食事指導つきです。

期間中は挫折することなく通い続け、2.5キログラムの減量を達成しました。65歳にもなってこんなに結果を出せるなんて、私にとっては本当にすごいこと！　しかも、「大好きなお酒はやめられない」と毎日晩酌を続けていたにもかかわらずです。

うまくいった理由のひとつは、理屈から入れたことが大きいと思います。痩せるために筋肉をつけて基礎代謝を上げるのが、いかに大切か。トレーナーからしっかりレクチャーを受けてから始めました。以前までは、とにかく体を動かせばいいと思って水泳やウォーキングをしていましたが、そのトレーナーいわく、私のように運動不足の人は、有酸素運動から入っても痩せにくいのだそうです。そして結果もついてこないから、やる気も出なくなってしまう。

その点、今回は筋トレをする意味が理解できたので、それに向かって努力ができるようになり、最初のうちは体重が減らなくても「今は筋肉をつけるのが先」と自分を励ましながら続けていくことができました。

マンツーマンで筋トレをしながら食事指導が受けられることも、体質改善に集中する気持ちを高めたと思います。意外と真面目な性格なので、毎日コーチに写真を送ることがモチベーションになり、食生活の切り替えを課題として楽しめました。

私が受けた食事指導のポイントは、大きくふたつ。筋肉をつくる栄養素の「たんぱく質をしっかり摂ること」、脂肪を減らすために「糖質を控えること」です。糖質はエネルギーを燃やす栄養素なので、糖質を必要以上に摂っていると脂肪が燃焼されにくくなるのだとか。晩酌は、糖質の多いビールではなく、少なめのホッピーにすれば大丈夫とのこと。そのほかには、カロリーや脂肪分は抑えめに、食事のボリュームは昼、朝、夜の順に少なくすることもアドバイスを受けました。

途中で体重が減らなくなったときに、食事の量を減らすのではなく、増やしてといわれたのにはびっくりしました。これは体質や食生活によっても違うそうなのですが、私の場合は体が省エネルギーになってしまうことを防ぐため、朝ごはんをもっと食べたほうがいいと提案されたのです。

トレーニングのあとは、人生初のプロテイン（！）も飲みました。おかげで筋肉もつき、肩こりも解消。姿勢も少しよくなりましたし、駅の階段をのぼるときに疲れにくくもなりました。これらの方法は、当然、人によって合う合わないがあると思いますが、歳をとってからの筋トレは重要なんだと実感する毎日です。

毎日の運動習慣が身についてきたので、コース終了後はパーソナルジムを退会し、スポーツクラブに入会。今度は主人とふたりです。まだまだ人生を楽しむ体力をつけるために、健康維持のために、そして、少しでも格好よく服が着こなせるように。これからもトレーニングを続けていきたいと思います。

夫婦ふたりの食卓は「漬けおきおかず」で簡単に

パーソナルトレーニングで食事指導を受けたことにより、毎日の食事の支度にも思わぬプラスの変化が生まれました。食事指導の内容に合わせて買い物や調理を続けているうちに、新しい習慣が出来上がったのです。

わが家の今の食生活は、朝はフルーツとパンなどの軽食、昼は玄米ごはんとおかずと汁物、夜はおつまみとホッピーで晩酌が定番になっています。

そして、昼のおかずと夜のおつまみの内容はほとんど同じパターンです。筋肉をつけるには脂肪分の少ないたんぱく質を摂ることが大切なので、魚、鶏のささみや胸肉、豚肉、牛肉の赤身などをしっかりと食べ、野菜の副菜を合わせています。ちなみに、食事指導を受けてからは、パスタ、焼きそば、ピザなどの「一品で満足するメニュー」はほとんどつくらなくなりました。栄養が炭水化物に偏りがちで糖質が多くなるためです。調理方法も揚げ物は避け、焼いたり茹でたりの油分の少ない方法を選んでいます。

あっさりしたメニューに感じるかもしれませんが、品数を増やすことで目から満足感を得るようにしたら、「物足りない……」と感じることはなくなりました。料理の盛りつけも、以前までは夫婦ふたりぶんを大皿によそっていましたが、ひとりぶんずつの盛りつけに変更（P108の写真）。それにより、自分が食べている量に自覚のないまま食べ過ぎることがなくなりました。

このように食生活のパターンが決まってくると、買い物や食事の支度も、パターン化できるようになりました。

買い物については、それまで長年、共同購入による取り寄せをし、届いた食材に合わせて料理をつくっていました。旬の食材が決まった曜日に届くのは、子どもたちと4人暮らしだった頃にはたいへん重宝していましたが、夫婦ふたり暮らしになって食べる量が減り、仕事が忙しいタイミングに届いた野菜はしばらく使うことができず、ダメにすることもあったのです。そんなときは罪悪感でいっぱいになりました。

食生活が変わったのを機に、今では週に2回ほど、近所の生協の店まで買い出しに行くようになりました。鶏ささみ肉などをたくさん買うようになったり、野菜も糖質の高い根菜などは控えめにするようになったり、目当ての食材が決まっているのでムダ買いもなく、ささっとすませられます。

そうして自分に余裕のあるタイミングで買い物に行けることで、帰宅後の下ごしらえが定着しました（P107の写真）。青菜やブロッコリーなどはとりあえずゆでて保存容器に入れておき、食べるときの気分で味つけをします。きんぴら、炒め煮、浅漬けなどの簡単な副菜もサッとつくって保存容器に入れれば、3〜4回に分けて食べることができます。また、食感がパサパサになりがちな鶏のささみやむね肉は、麹につけておくとしっとり食べやすくなります。塩麹まで手づくりをするのはハードルが上がるので、生協で市販品を購入。そのほかの牛赤身肉、切り身魚なども、塩麹やしょうゆ麹、味噌床などにどんどん漬けて、焼くだけですぐ食べられる状態にしておくから、食事の支度がとてもラクになりました。

たとえば、ある日の私のスケジュールはこんなふうです。夕方は、仕事を切り上げたらジムに行き、生協で買い物をして家に帰ります。家に着くのがだいたい5時半ぐらい。そのままの勢いで買ってきたものを前述のように下ごしらえをしたら、お風呂に入ります（下ごしらえをしながらお湯をためています）。

お風呂から出たら、漬けていた肉や魚を焼いて、副菜とともにワンプレートに盛りつけ。夜7時には乾杯の体勢です。下ごしらえから仕上げまで、料理の時間は30分もかかりません。下ごしらえをしない日もあったり、少しずつつくり足す日もあったりしながら、くるくるとおかずをまわしています。

ライフステージによって、フィットする食生活があると思います。わが家はたまたま食事指導をきっかけに食生活を見直すことができました。60代と70代の夫婦だからこそ、あっさりめの食生活で満たされているのかもしれません。

定年後の家事分担と、夫婦それぞれの生活ペース

うちの主人は私より6歳年上の団塊世代。会社勤めの頃は、朝は通勤ラッシュを避けるために5時台に家を出て、夜も家族が寝たあとで帰宅する、典型的な「モーレツ社員」でした。当然、家事や育児などの家のことはすべて、私の担当。主人は外で稼ぎ、私が家を守るのが、わが家の自然な役割分担だったのです。

子どもたちが思春期で、親のいうことにあまり耳を傾けなくなった時期には主人の出番がありましたし、私が仕事を始めるときや、母の介護のためにしばらく実家に帰っていたときには、理解や協力をしてもらいました。ベッタリの関係ではないけれど、それぞれを尊重するいい距離感で、連れ添ってこられたと思っています。

そんな主人がリタイア生活に入ったのは、今から5年ほど前。ちょうど私の仕事

が忙しくなった頃と重なり、主人が家にいて、私が外に出ることが多くなりました。主人は社交的な性格ですし、地元に友だちもいます。音楽が好きで、10代の頃からバンド活動を続けていたから、打ち込める趣味もあります。だから定年後のことは、そんなに心配してなかったのですが……。

やはり、これまで何十年にわたり送ってきた生活が、ガラリと変わってしまうわけですから、夫婦お互いの新しいペースができるまでには、移行期間が必要でした。

最初にすり合わせたのは、家事のことです。わが家の朝ごはんは、夫婦で食べるものが違うので、それぞれが自分で支度をしましょうと提案。主人はすぐに、自分で支度をするようになりました。

次に、昼ごはんの食器を洗うことをお願いしました。昼ごはんは私がつくるので、食器は洗ってもらえたらうれしいなと思ったのです。

ここからは笑い話なのですが、主人は真面目な性格なので、食器をとても丁寧に私の倍ぐらいの時間をかけて洗うのに、なぜか自分の分しか洗わず、私の分はシンクに置いたまま！　どういう意味かと思いましたが、生活ペースも変わったばかり。問い詰めてケンカになってもいいことはないので、少し日を置いてからたずねてみました。

すると、主人いわく、単に私が「私の分も洗ってください」と言わなかったので、洗わなくてもいいと思っていたとか。家事をしたことのない人からすれば、そういうものなのかと、力が抜けました（笑）。このとき、一つひとつ説明したほうがいいんだなと、私も勉強になりました。今では、食器洗いはすべて主人が担当してくれています。

そうやって根気よく、さまざまな家事について説明をし、ようやくふたりの生活ペースにも慣れてきたある日のこと。次第に家のことに目が向いてきたのか、主人が自分専用のごはん茶わんを買ってきたのです。量販店で売っているツルツルの磁器でした。私が好んで買い集めていた作家の器は、ごつごつして洗いにくいからということでした。

さらにはその後、「申し訳ないけれど、これから自分の服は、自分で洗濯するから」といい、洗濯洗剤を買ってきました。どうやら私が買っていた自然派の石けんの香りが、好きじゃなかったみたい。今はヘアシャンプーも自分で好きなものを選んで買っています。

結婚して40年ですが、お互いの知らないところ、気づかなかったところが、たくさん出てきました。主人は主人で、家のことは私に任せてくれていたのでしょう。でも、定年して家にいるようになったら、いろいろと気になりだしたようです。私も主人に、小さなガマンをさせてきたのかもしれません。

最近では、主人は自分の部屋に電子レンジや小さな掃除機まで、買いそろえています。リフォームした当時、主人の持ち物の量を半分まで減らすことができましたが、今となってはまた増えている様子。まるで学生のひとり住まいのように、どんどんコックピット化が進み、快適になっているようです。

お互いに個室を持ったことは自然な成り行きでしたが、大正解でした。もともと私たちはテレビ番組の趣味も違うので、夜ごはんの後はそれぞれが好きなテレビを観ながら、自分のペースでくつろいでいます。

そしてもうひとつ、定年後、ふたりの生活で問題だったのが、昼間、主人が家にいることでした。それまで私は、誰もいない自宅で仕事をしていたので、主人がいる時間帯に仕事をするのは、どうにも調子がでなかったのです。

それは主人も、同じ思いだったのではないでしょうか。今まで忙しく働いていたのに、家にいるようになって、どうしたものかと模索していたかもしれません。私の仕事関係の人がたびたびたずねて来て、居心地が悪かったでしょう。

そこで私は家から数分の場所に、作業場を借りることにしました（仕事場の移り変わりについては、P208から詳しく書いていきます）。

こうして私は少しずつ仕事の場を自宅以外に移すようになり、それによって新たな広がりが生まれました。主人のほうもマンションの自治会に参加したり、地元にいる小中学校時代の友だちと温泉に出かけたり、リタイヤ生活の楽しみ方がつかめてきた様子。温泉には、時々ひとりで出かけるようにもなりました。また、若い頃からの主人のいちばんの趣味は音楽で、アマチュアバンドを50年も続けています。最近、それに加えて、ふたつのバンドに加入したそうです。

振り返れば子どもたちが小さかった時代、日曜日にバンドの練習で出かけてしまう主人のことを、「子どもたちと遊んでくれればいいのに」と思ったりもしましたが、今となっては趣味を続けてきてくれて、本当によかったと思っています。

主人が定年をむかえても、夫婦ふたりでゆっくり……とはならず、私は仕事で忙しく、夫婦で出かけることなどめったにありませんが、お酒が好きなもの同士、たまにふたりで飲みに行くのがいい息抜きになっています。それぞれが自分の時間を持ちながら、干渉しない距離感で暮らしていくことが、私たちにはちょうどいいようです。

子どもの自立と、親の自立。家族でも人生は分けて考える

私たち夫婦は、親の面倒は子どもがみるのが常識という時代に育ち、それをまっとうしてきた世代です。けれども自分たちの子どもには、それを押しつけたくないという気持ちでいます。

たとえばお墓の問題。数年前、青森にある私の実家の墓じまいをしたのですが、その手続きがたいへんでした。今の時代は、職業の選択の幅が増えたことなどもあって、生まれ育った地域に一生住み続けるとは限りません。昔みたいにきょうだいも多くないなか、次の世代がお墓を守っていくのは、ひとりにかかる負担が大きすぎます。それをわが子たちに引き継ぐのは申し訳ないと思いました。

もともと私たち夫婦は死んだあとのことにこだわりがなく、お墓は持たなくてもいい、という考えです。それならば早めに決めてしまおうと、先日、わりと近くに

新しくできた樹木葬を見学しました。樹木葬には家ごとに弔うものもあるようですが、私たちが申し込んだのは合葬です。老後の宿題がひとつ片づいたようで、ホッとしました。

次にお金の問題。家族ですからお互いに支え合うときはあるけれども、依存はしないように。親の方も精神的も金銭的にも、子に寄りかからずに暮らせる将来を見据えていく。そのことを家族で共有するために、息子たちが高校卒業後の進路を決めるタイミングで、わが家の経済状況をオープンにしました。

大学の費用で親が負担できるのは入学金、授業料、交通費まで。浪人するとしても面倒を見られるのは一浪まで。そして、大学に行くかどうかは本人の意志に任せるという大前提を伝えた上で、息子たちに自身に進路を考えてもらいました。

息子たちが選択したのは、大学進学です。小遣いや部活にかかる費用などの足りないぶんは育英資金を利用し、アルバイトはせずに部活を続ける道をふたりともが選んでいました。

世の中には「子どもの希望を叶えさせてやりたい」「教育費は大切な投資だから」と、ふだんの生活や老後の資金を無理して、教育費を捻出するご家庭も多いかと思います。けれど、私たち夫婦としては自分の人生はさておきで、子どものために……とがんばりすぎないと決めていました。そのぶん、子どもへの期待が大きくなってしまう気がするからです。

私は子どもが生まれたときから、子どもは巣立っていくもの、親元から離れていくものだと思って、息子たちを育てました。でも、世間を見ていると、自分をおさえて子どもに手をかけすぎる親御さんは、子離れができずに大変そうなのです。子どもたちにとっても、親がなんでもしてくれて当たり前というのでは、成長の機会を失います。息子たちの進路や社会に出てからの生活も、それぞれ山あり谷ありでしたが、私たち夫婦は自分たちで学んで欲しい、乗り越えて欲しいと、ヒリヒリとした思いで見守るだけでした。

そうして彼らがすっかり自立した今では、子どもたちと外食に行く際には、割り勘になりました。主人が年金暮らしになったことを気遣い、「これからの家族の集まりは、すべて割り勘にしよう」との申し出が子どもたちからありました。わが子たちと対等な付き合い方ができる日がくるとは、感慨深い思いです。

最近は「生前整理」について取りざたされていますが、ものの問題についても、前々から家族と共有してきました。長男と次男が家を出たのは、それぞれ26歳のとき。私は息子たちには常々「思い出と一緒に独立して」と言い聞かせてきたので、彼らが巣立ったあとは、ちゃんと部屋を明け渡してもらうことができました。

そんなふうに言い聞かせてきたのは、家が狭くてものの置き場所がないためでもあるし、息子たち自身があとで困らないためでもあります。

もし私たちに何かあったときに、片づけるのはどのみち彼らです。節目、節目で片づけていたほうが、身軽でいられます。私が家を夫婦だけの仕様にどんどん変えていく様子を見て、息子たちも家を出たんだという自覚を持たざるを得なかったようです。

今ではふたりとも家庭を持ち、長男は4児の父に、次男は2児の父になりました。私は孫が生まれるたびに、仕事をセーブして産後のお手伝いをしています。第2子以降の出産の場合は、上の孫の保育園の送り迎えなどもあるから、主人にも一緒に来てもらって、にぎやかに過ごしていました。

ただ、長男の末っ子が生まれるときには、どうしても私の仕事の調整がつきませんでした。長男のお嫁さんのご両親は他界しています。どうにかサポートしなくてはと悩んでいると、次男が相談のために家族会議をしようと提案してくれ、山中家のメンバーで集まることになりました。

長男、次男、主人、私の4人だけで顔をつきあわせたのは、もう十何年ぶり。そのとき「ああ、こういう家族だったよな……」と、懐かしさがこみ上げてきて、私はうれし涙を流してしまいました。そんな様子を見て、びっくりしながらも息子たちが「これからも年に1回ぐらいは4人で集まろう」と提案してくれました。

もちろん、お嫁さんや孫を含めた集まり会もしています。春休みと夏休みは両家族を誘って、わが家で寝袋持参のお泊まり会が恒例。夏休みなどは、孫たちの自由研究の宿題になるかなあと、パンづくりや工作のワークショップを見つけて誘うこともあります。今年の夏のお泊まりは、趣向を変えて川沿いの古民家に、三世代で合宿をしました。

ふだんはみなそれぞれの暮らしですが、年に数回、楽しい企画を一緒にすごす。互いを思いやりながらも、そんなほどよい親子関係でいられたら幸せです。

旅立つ人が教えてくれること。
介護の日々を振り返る

私は不器用なので、あまり物事の同時進行ができません。とくに若い頃は何かあると考えすぎてしまい、気持ちの切り替えができなくなる性格でした。40代から50代にかけての10年間は、実家の母や義父の介護をしていたので、思い悩むことは多かったです。

介護は大変です。でも、自分の役割をやり遂げないと、のちのち後悔することも目に見えています。いつまでも引きずりそうな自分の性格をわかっているから、家族の出来事にはいつも真正面で向き合ってきました。

命について考える節目になったのは、実家の父の最期です。私の父は、私が40歳のときに他界しました。持病があったとはいえ、急な展開で亡くなってしまったので、私は青森に駆けつけることができませんでした。永遠の別れは突然にやってくるのだと思い知らされたのです。

その3年後、ひとりで暮らしていた実家の母に、癌があるとわかりました。当時、私は古道具屋を営んでいましたが、父との経験があったので看病したい気持ちに迷いはなく、店をたたんで急いで母のもとへ向かいました。息子たちはふたりとも高校生。主人は仕事で帰りが遅く家事はできないから、息子たちそれぞれにお金を渡し「洗濯も食事も、各自でお願いします」と頼んで、帰郷したのでした。

途中、一時帰宅をしながらも、3カ月間は母にぴったり付き添い、看病しました。母の様態が少し落ち着いたところで切り上げ、そこから数年間は、母が入院をするたびに青森へ帰り、介護をする生活でした。

母は、家族のためにいつもガマンをしていた人です。父が駐在所勤めだったので転勤も多く、私と姉は就学後、祖父母の家に預けられて育ちました。18歳で上京してからも、母とは年に1回しか会えない24年間を送ったのです。今こそ親孝行のときと、なるべく母の希望を受け入れたいと思っていました。それなのに、病に伏せた姿であっても、私に苦労をかけないように母が気を遣っていたことが、今でも切なく思い出されます。

そんな母でしたが、亡くなる一カ月ほど前に、「もう入院したくない」といいました。私はどうにか段取りを組んで病院から青森の実家に連れて帰り、自宅介護をしました。長年、一緒には暮らせなかった私と母の、初めての濃密なふたりの時間でした。

自分を生み、育ててくれた母がこの世にいなくなったのは、桜の季節。桜の花を見るたびに、母と過ごした最後の日々を思い出します。

主人の父が介護になったときには、主人の弟のお嫁さんと分担しながら、週のうち半分は、埼玉県秩父市の主人の実家までお世話に通いました。最初の頃は自宅介護でしたが、病気のせいもあり、対応に手こずることもだんだんと多くなって、自分のふがいなさに帰り道に涙を流したこともあります。

ただ、主人はいつも私に頼むとき「この日、予定あいてる?」と確認してくれました。もし「行って」と断定されていたら、複雑な思いだったかもしれません。主人のやさしさと、しっかり介護できずにのちのち後悔したくないという気持ちが、私の支えになっていました。

義父が病院に入った頃には、主人も定年後の再雇用になっていたので、時間をつくり、ふたりで病院に通いました。夫婦でたいへんさを共有できたのはよかったと思っています。

東日本大震災があった年に、義父は大往生しました。その数日後、長年闘病していた青森の姉も他界。姉とはその少し前に、看病をしながら10日間ほどを一緒に過ごせたのが、姉からの最後のプレゼントだった気がしています。

近しい人を亡くしたあとは、どうしたって悔いが残るもの……。それでも自分なりに向き合ったという思いは、今の自分の何かしらの支えになっているのかもしれません。振り返ってみると、たいへんだった日々も大切な日々に変わっていました。

群れたがる自分を変えたら身軽になれた

若い頃、何に悩んでいたかといえば、人間関係が多かったように思います。

もともと私は子どもの頃から、人の言動や反応が気になりすぎる性格。もしかしたらああ思っているのかな、こうしたほうがいいのかな……と勝手に考えてしまう、そんな空回りがよくありました。それでも、ひとりで行動するのが苦手だったから、どこかへ出かけるときは友人を誘ったり、女性同士でグループをつくったり。誰かと一緒に行動するのが、ふつうだと思っていました。

50代の半ばを過ぎた頃、そんな自分を見直したくなりました。人間関係に疲れていたのかもしれません。ちょうど義父の介護がたいへんだった時期なので、心に余裕がなかったのでしょう。後ろ向きになりがちな自分に気づき、気持ちがざわざわすることは、とりあえず避けてみるのも方法かもしれないと、まずは「人のブログを見てまわること」をやめました。

当時はブログが流行っていて、人気の手芸作家さんや友人のブログなどを見ては、その活躍やがんばりに刺激をもらっていたのですが、時にうらやましく思ったり、誰かと誰かが仲良くしているのが気になったりすることもあったのです。

「そもそも自分が見に行かなければ知らずにすんだことで、何を一喜一憂しているのだろう」。そう気づいたら、たくさんの情報に影響されている状態から抜けだしたくなりました。すると、これがなかなか私には合っていて、自分の仕事だけに向き合っていられるような感覚がありました。

次に「ひとりで出かける」に、あえてチャレンジしてみました。

きっかけは、「菓子屋ここのつ」の名前で和菓子をつくる溝口実穂さんとの出会いです。自分の世界をしっかり持ちながら夢に向かってどんどん動いている彼女は、いつも単独行動。「私より何十歳も若いのに、ひとりで決めて、ひとりで動いているんだ……」と、いい意味で刺激を受けました。

そうしていざ、ひとりで出かけてみると、いいことばかり。私が行きたいのは、ギャラリーなどでの催し物が多く、期間が限られています。人と約束をせずに自分の都合で出かけられるのは、思った以上に身軽だと気づきました。友人と行くと仲間内で話してしまいますが、ひとりだと作家やスタッフの方に話しかけるようになったり、逆に話しかけてもらえたりすることも発見でした。

これを機に、60代で外食の「おひとり様」デビューもしました。これまで喫茶店やレストランにはひとりで入れず、ひとりで待つ時間、食べる時間、どう過ごせばいいのかわからないと不安に思っていましたが、やってみたら意外に大丈夫。誰も自分を見てないことがわかりました（笑）。

その後、調子に乗って「ひとり飲み」もできるように。バーや居酒屋はいまだに無理ですが、仕事が終わって、近所の馴染みの中華屋さんでのひとりビールが、今では楽しみのひとつです。

そうして単独行動を重ねるうちに、いつの間にか人づきあいもラクになっていました。もしかしたら、私自身が、人に対して重すぎたのかもしれません。「ひとりでも大丈夫」というスタンスで人と付き合えるようになったのは、60歳を過ぎてからの収穫でした。

若いうちは、悩みがあるときは、悩んでいたほうがいいと思っています。それが自分を成長させてくれるからです。私が接していていいなあと思う人は、何かにつまずいてきた人が多い。自分が悩んだぶんだけ、人の気持ちもわかるようになるのだと思います。

これまでの人生を振り返ってみると、反省することはたくさんあります。恥ずかしい思いをしたり、嫌な思いをしたり、私も誰かにそんな思いをさせたことがあったはず。群れたがる自分の心のどこかに、相手に対して求めすぎてしまう部分が、あったかもしれません。

どうしたって失敗は消せないけれど、いっぱい悩んだからこそ、自分を知ることができた。迷いのない毎日が送れる自分に、たどり着いたんだと思っています。

20代の友だちとも遊ぶ！歳の差に関係なく、価値観が合うかが大切

私が刺激をもらうのは、ものより人です。

不器用ながらも、やっぱり人が好き。

古道具の世界に足を踏み入れたときも、自宅ショップを開いたときも、服づくりを始めたときも、背中を押してくれたのは友人のひと言でした。


49歳で大人の普段着のレーベルをスタートしてからは、出会いが広がりました。ものづくりをする人、料理をする人など、自分の好きなことで身を立てている人との関わりが多くなったのです。

専門分野は違えどフリーランス同士、立場は一緒。興味が合えば自然と距離が縮まり、年下の友だちもできるようになりました。息子たちと同じ世代の人でも、仕

事を通じて知り合うと、垣根もなく仲良くなれます。

私と同じ埼玉県をフィールドにするつくり手たちとは、「埼玉を盛りあげよう！」みたいな仲間意識が生まれ、10年来のつき合いをしている友人もいます。

埼玉県川口市でカフェと雑貨の店「ｓｅｎｋｉｙａ（以下センキヤ）」を営む高橋夫婦とは、ふたりがセンキヤを始める前に知り合いました。高橋秀之さん（ひでさん）の実家である植木屋を、自分たちの手で改装して店を開いたのですが、ひでさんはなかなか妥協をしない人で、納得がいくまで手を加えているのか、オープン日がどんどんずれていくときにはハラハラしました。

でも、その丁寧な取り組み方、まっすぐな姿勢はすごいなと思うのです。家族がいながら自分の好きなことを貫いて、仕事として成立させていく様子に心を動かされました。

幸手市のパン屋「ｃｉｍａｉ」のふたりとは、たまに仕事をご一緒する関係ですが、どんなに人気が出ても手を抜かないふたりの仕事の姿勢は尊敬するばかり。イベントに引っ張りだこでいつも忙しいはずなのに、パンの出店をお願いすると、たくさんの数を焼いてきてくれます。お客さまに行きわたるように、なるべく売り切れないようにという、ふたりの誠実な思いが伝わってきます。

多肉植物の専門家である松山美紗さんは、彼女が師匠のもとで修業をしているときに知り合いました。初めて会ったのは、多肉植物を育てている広い畑。若者が土まみれで作業をしていた姿に、この仕事が大好きなことが伝わってきて、胸を打たれました。私が多肉好きだったこともあり、すぐに仲良くなって、プライベートでも遊ぶように。私を「山ちゃん」と呼んでくれる貴重な飲み友だちでもあります。

私は、がんばっている人が好き。私が今この年齢になっても作家として活動を広げることができたのは、みんなから受けた刺激が大きいと思っています。

年上でも年下でも、気にするのは興味や感覚が合うかどうかだけ。

相手に対して失礼をしないのは年齢にかかわらず一緒なので、おつき合いの仕方を区別することはありません。

互いを尊重しながら築いていく世代を超えた友人関係は、様々な価値観に触れる機会につながり、自分の視野を広げくれることを実感しています。

気軽に人を呼びたいから、おもてなしは簡単定番を用意

人を家に招くのが好きです。

とくに仕事のおつき合いが始まるときなどは、まずは家に来ていただくのが、お互いを理解する近道だと思っています。いろいろ言葉で説明するより、家を見てもらうほうが趣味や価値観が伝わりやすいもの。いい意味でも悪い意味でもごまかしようがなく、等身大の自分がにじみ出るのが住まいの空間です。

そして、お茶を飲みながら、時間が許せばランチや甘い物を食べながら会話をしていると、外で会うよりも一歩深く語り合える気がします。

私のおもてなしは、簡単な定番料理です。「何をつくろうか」などと考えたり、新しいメニューに挑戦したりすると、人を招くハードルが上がってしまうから、そう決めています。

たとえばランチならば、野菜を炒めた丼物に汁物を添えたり、サラダを添えたりするのが定番。野菜がいっぱいで彩りもよく、ごはんをしっかり食べるから物足りなさも感じさせず、調理時間も短いメニューです。

とくに野菜を炒めるとき、最後にカレー粉をまぶす味つけは、みんなに好評なのでよくつくります（簡単なレシピはＰ１０９）。

夜ごはんならば、鍋料理が定番。会話を楽しみながら、ゲストの食事の進み具合にあわせてテーブルの上で具を継ぎ足していけます。くつろいだ雰囲気でいられるのが、鍋料理のいいところ。なかでも好評なのは、鶏団子とひらひら大根の鍋です。だしをとったスープに生姜の千切りをたっぷりと入れ、自家製の鶏団子を入れて煮立ったら、ピーラーでひらひらに薄切りした大根をどんどん入れていきます。しゃぶしゃぶのようにすぐに引き上げるのが、あっさりしておいしい。にんじんをピーラーでひらひらにしたり、水菜などの青物をいれると彩りがよくなります。

鶏団子は、つなぎにはんぺんを使うのが簡単です。ボウルに鶏ひき肉３００ｇ、はんぺん1枚、生姜のみじん切りを入れて、はんぺんをつぶしながらこねたら、塩こしょうで味を調えればタネのできあがり。この鍋を食べたほとんどの人が、「家でもつくる！」とレシピを聞いて帰っていきます。

こんなふうに料理は簡単な定番ものですが、盛りつけ方には少し工夫をこらします。私は器が大好きなので、盛りつけを考えるのは楽しいこと。

たとえば、ふだん使いの器でも、受け皿をつけると華やいだ雰囲気になるし、おしぼりの出し方に変化をつけると、おもてなし感が出せます。おしぼりは、細長くてちょうどいいサイズのカゴやお皿にのせがちですが、あえて大きな木の板に並べてギャップで遊んでもいいのです。食べものではないから、自由度高く考えます。

また、箸置きも遊び心を入れられるアイテム。古道具屋さんで見つけたガラクタも、石ころも超豆皿も、小さくて丸洗いしてきれいになるものならば、箸置き代わりになります。

ゲストと食事をともにする時間は大切にしたいですが、余裕がなくてごはんまでつくれない日には、「お会いするのはお昼どきになるけれど、ごはんの準備ができないから、外に食べにいきましょう」「簡単なおやつを用意しますね」と、あらかじめ宣言しておきます。その方が相手もその心づもりでいられますから、へんに気を遣いあうことがなくなります。たとえ買ってきたお菓子だとしても、きちんと盛りつけるとおもてなし感が出せて、ゲストもよろこんでくれます。

また、何度もわが家に遊びに来る友人には、「またいつものごはんだから」とひと声かけておくと、「また食べたかったから、うれしい」などといってもらえて、お互いが気楽な気持ちでいられます。

こういうやりとりが自然にできるようになったのは、年の功かもしれません。こちら側が格好をつけることなく正直な態度でいると、相手もだんだんと心を許してくれる気がします。

人をお招きするのは、ありのままの自分を知ってもらいたくてのこと。それが基本にあるから、私のおもてなしはとっても気軽なのです。

60代で人生初の習い事。新鮮な緊張感でリフレッシュ

育児や仕事に精一杯で、気がつけば趣味らしき趣味は持たずにきました。

そんな私が63歳にして、人生初の習い事を始めました。中国茶のお稽古です。あるとき「中国茶稽古 月乃音」を主宰する渡邊乃月先生が、東京・西荻窪の食堂を借りてお教室を開く機会に出合えたのです。私はお茶も器も好きだから、茶器を集めるのが楽しみになるかな……と、最初はそのぐらいのつもりでした。

開催は2カ月に1度。中国茶は日本の茶道ほど難しくないと聞いていましたが、いざ始めてみると、覚える行程がいっぱいありました。

まずは乃月先生のその日のお茶についてのお話に、静かに耳を傾けます。樹齢何年か、どんな自然環境で育ってきたか、聞いているうちにイメージが膨らみ、自分が知らないはずの景色が頭のなかに広がっていきます。

その後、先生のお点前が始まります。合気道を習っているという先生の姿勢はとても美しく、流れる所作も自然です。

ところが、先生はこんなに自然なのに、いざ自分がやってみると「あれ?」。これは歳のせいなのか、私が運動音痴だからなのか、対面にいた先生と同じ動きをやろうとしても、左右がわからない……。

順番ばかりが気になる私のお点前は、所作がきれいどころではありません。本来のお稽古はとても静かな雰囲気なのに、私があまりにもぎこちない動きをするから、笑いがとれたりすることも(笑)。何しろ2カ月に1度のお稽古なので、前回のことはすっかり忘れてしまい、最初の1年は毎回が新しいスタートのようでした。

そんな落ちこぼれ生徒ですが、日常とはかけ離れた緊張感が心地よくて、まもなく3年目になります。新しいことを覚えるのって、ふだんとはまったく違う脳を使っているみたいでリフレッシュになるのです。乃月先生のお点前に近づきたいと憧れる気持ちも、モチベーションになっています。

茶器も少しずつ買い集め、気の置けない友人を招いたときなどは、中国茶を出してみるようになりました。

いつか私の服のレーベルのお客さまを、中国茶でおもてなしするのが目標です。

心を落ち着けて、ゆっくりとお茶をいれるひととき。

山中家の定番料理レシピ

◎ 輪切り大根の炒め煮

乾燥の輪切り大根は水でもどし、ごま油で炒める。しょうゆ、みりんを加えて味を含め、七味唐辛子をふる。

◎ にんじんの子和えふう

にんじんは千切りにし、酒をふりかえけてサッと煮る。甘塩たらこをぶつ切りにして加え、よく和えたら火を止める。

◎ 茹でいんげん

いんげんは沸騰した湯で茹で、2～3等分に切る。食べるときはごま和え、おかか醤油などで味付けしたり、サラダに加えたりすることも。

◎ じゃがいものコンソメ煮

じゃがいもは皮をむいて4～6等分し、ひたひたの水を加えて茹でる。少ししたらコンソメを加えてやわらかくなるまで茹でる。汁をこぼし、水分をとばしたら、こしょうをふる。

◎ 茹でブロッコリー

ブロッコリーは小房に分けて食べやすい大きさに切り、塩を入れた熱湯で茹でる。食べるときは炒め料理に加えたり、サラダにしたり。

◎ ぶりの醤油麹漬け

ぶりの切り身は醤油麹に漬ける。食べるときはフライパンで両面を焼く。

◎ 豚ロースの味噌漬け

味噌とみりんを半々ぐらいに合わせた味噌床をつくり、豚ロース肉を漬ける。食べるときはフライパンで焼く。

◎ なすときゅうりの浅漬け

なすときゅうりは食べやすいサイズに切る。しょうゆ、みりん、お酢、しょうがの千切りを合わせた液に漬ける。

夫婦ふたりの食卓、ある日の夜のおつまみです。魚と肉、両方を少しずつ食べるようにしたら、満足感がアップしました。これにホッピーで乾杯します。

おもてなしランチの定番。細切り野菜、塩麹につけた鶏ささみを炒め、酒、コンソメ、カレー粉で味つけ。玄米ごはんにのせて青ねぎ小口切りをトッピング。

上／市販の羊羹とほうじ茶の寒天を正方形にカットし、生クリームをかけたおやつアレンジ。漆塗りの小皿と器を重ねて。簡単なおやつも素敵に見せられます。
下／まだまだのお点前ですが、気の置けない友人を招いたときには中国茶でおもてなしをすることも。

中国茶では、茶葉によって急須の使い分けをするなど道具が多いけれど、急がずに、本当に気に入ったものを徐々にそろえているところです。

マメな片づけができない性格なので、キッチンでよく使うものはすぐ手にとれるところに並べています。ガラスで統一するとごちゃごちゃして見えません。

やや高めのキッチンカウンターは、配膳にも、キッチン内の目隠しにもちょうどいい。人を招いたときにも、対面で話しながらおもてなしの準備ができます。

第3章　大人のおしゃれ

グレーヘアになるまでの、白髪との付き合い方

「白髪でもおしゃれ」を目指すには、どうしたらいいものか。65歳になって、白髪との付き合い方を見つけた私ですが、それまでは悩みに悩んできました。

最近では「白髪を染めないこと」を「グレーヘア」と呼び、前向きに受け止められていますが、実際は白髪のままでも素敵でいられるって、なかなか難しいこと。染めなければいいという、単純な話でもないからです。私にも今のグレーヘアを確立するまでに、3つの壁がありました。

最初の壁は、ちらほらと白髪が増えてきた40代の終わり頃。まだ40代ならば黒く染める人も多いなか、「自分の髪の毛はこれからどんどん白くなるのに、染め続けるなんてめんどくさい」と、染めないことにチャレンジしてみたのです。それに、白髪でおしゃれが決まるとかっこいいだろうな……と、女優さんなどを見て憧れて

いたのもあります。でも、当時アラフィフの私では、まだまだ白髪に釣り合う顔立ちではありませんでした。仕方なく、白髪を染めてをしてしのぐことにしました。

2回目の壁は、髪の半分くらいが白髪になってきた50代半ばです。

そろそろ白髪が釣り合う雰囲気になったかなと、再び白髪染めをやめてみましたが、黒い髪と白い髪のまだらな感じがやぼったく見えました。

そこで考えたのが、髪染めに「白髪用のヘアカラー」を使うのではなく、ふつうのヘアカラーを使うこと。通常、白髪を染めるときには、白髪も黒髪も染まる「白髪用のヘアカラー」を使いますが、ふつうのヘアカラーで黒髪の部分だけを明るめに染めて、白髪に寄せてみたのです。

結果、黒髪部分がグーンと明るくなり、白髪とのコントラストがやわらいでちょうどいい感じに。白髪染めに悩むことがなくなりました。

グレーヘアが流行している今でこそ、この方法で染める美容院もあるそうですが、

10年前の当時は美容師さんに理解してもらえず、説明するのに苦労しました。その甲斐あって、思い通りのカラーリングになったときにはとてもうれしかったです。その後の5〜6年は、この染め方で黒髪と白髪の変換期を乗りきりました。

髪全体がほぼ白髪になったのは、60代に入ってから。「やっと、染めなくてすむ！」と喜んだのですが、思いのほか3回目の壁にぶち当たりました。いざ白髪になってみると、何だかぼやけた印象で私にはやっぱり似合わないのです。鏡のなかの自分を見て、理想のグレーヘアとのギャップにがっかり……。どうしたら白髪でもおしゃれに見えるか、試行錯誤しました。

まず、試したのは帽子です。もともと帽子が好きでよくかぶっていましたが、グレーヘアには「黒」が合うとわかりました。帽子の黒が全体を引き締めてくれるのです。グレーヘアがぼやけた印象だから、髪型に何か別のワンポイントが欲しくなるのでしょう。帽子をかぶらない日は、黒のヘアバンドで引き締めています。

また、白髪だと髪がボサボサに見えることも、だらしない雰囲気になっていました。私はドライヤーでセットをするのが苦手なので、ドライヤーに頼らずともまとまる髪型にしようと、自分で三つ編みパーマをかけてみました。サイドの部分だけ、左右5〜6個所ずつ三つ編みをつくり、市販のパーマ液をかけて時間をおきます。するとボサボサ感が気にならなくなりました。帽子をかぶったときに少しだけウェーブが見えるところも、いいアクセントになります。

グレーヘアになってから、お気に入りの茶色い帽子も真っ白な服のコーディネートも似合わなくなったような気がしています。おしゃれというものは、全体のバランスによって成り立つもなんだと、つくづく思いながら服合わせをしています。

白髪やシワなど自分におとずれる「経年変化」にあらがうことなく、老いていく姿を受け入れながら、いつまでもおしゃれを楽しみたい。憧れの白髪の女優さんのように……という夢はまだ継続中です。

スキンケアは化粧品より、「お手入れの方法」を大切にする

私のスキンケアはとてもシンプルです。あれこれ浮気せず、20代の頃からほぼ同じタイプのアイテムを使い続けています。どれも手に入りやすいものばかりです。顔を洗うのは固形石けん、髪の毛は石けんシャンプーが定番。これらは結婚後、共同購入を始めたときから買うようになった無添加のものです。ちなみに顔を洗うのと同じ固形石けんで体も洗うし、キッチンやお風呂場などの掃除もしています。

基礎化粧品やファンデーションなどのメイク類は「ちふれ化粧品」。ただ、絶対にこのメーカーとこだわっているわけではありません。私はなるべく肌に負担をかけないものを使いたかったのですが、40年前は、今のようにオーガニックコスメなどは普及してなくて、自然由来の安心して買える化粧品がありませんでした。それならば、スーパーマーケットなどの近場で買えて、リーズナブルなものでいいと、

成分が比較的やさしいものでもあった、ちふれ化粧品を選んだのです。

私がこだわっているのは、化粧品よりもお手入れの方法。化粧品をつけすぎることで肌本来の力を弱めないために、自宅にいる日は洗顔後は洗いっぱなしのままで何もつけません。外出などのためにファンデーションをぬる日だけ、肌の乾燥対策と化粧ノリのために化粧水や下地クリームをつけています。

そして、欠かせないのがお風呂に入ったときのマッサージ。これは結婚前に就職していた当時、職場の人に「パックをするより、湯船でマッサージをするほうが効果的」と教わってから、40年以上ずっと続けています。湯船につかり、肌がやわらかくなったところで、指先を使いそーっとクルクルなでるだけです。

60代の今、歳相応の自分の肌に不満はありません。これからもシワを含めた自分の素顔を受け止めて、毎日の入浴習慣や野菜たっぷりの食生活を心がけながら、自己流のシンプルケアを続けていきたいと思います。

美人かどうかは生まれつき。「格好よく」は努力で叶う

私の姉は7つ年上の正統派美人。子どもの頃から容姿について比べられてきた私は、周囲の大人の遠慮ない言葉に傷つけられ、いつしか自分の顔にコンプレックスを持つようになっていました。ああ、私って美人ではないのだな……。

そんながっかりした気持ちをこじらせずに済んだのは、おしゃれのおかげです。ファッション雑誌を見るようになり、コーディネイトの楽しさに目覚めると、服によって似合う似合わないがあると感じました。そして「おしゃれをすれば地の自分より格好よく見せられるんだ」と、10代の終わりには明確にそう思っていました。

「好きな服」と「似合う服」は必ずしも一致しないし、少し前まで似合っていたはずの服が、歳とともに似合わなくなることもあります。おしゃれをするときにいちばんの鍵となるのは客観性で、人からどう見えているかがわかるとともに、おしゃ

れを見る目を養うことがすごく大事。おしゃれのものさしを持っていなければ、いくら自分の着こなしをチェックしても、判断のしようがないからです。私はいつも素敵な人にアンテナを張っていて、映画のなか、街なか、雑誌の誌面などで見つけた素敵な人のおしゃれをインプットしています。

歳を重ねて、おしゃれには努力がいるものだと、ますます思うようになりました。40〜50代の頃から体型が変わったり顔映りが悪くなったりして、そのたびに着るものを見直しています。たとえば、40代の頃はゆったりしたラインで丈の長いトップスを好んで着ていましたが、50代になるとそのシルエットが重すぎると感じました。そこで、トップスは短めの丈にして、ボトムスでゆったりしたラインをつくるようにしたら、体型をカバーしながらも全体のバランスが軽くなりました。

おしゃれは日々の研究から成り立っていきます。私がおしゃれが好きなのは、自分の見せ方を変えていけるものだからなのです。

赤いマニキュアとダテ眼鏡で気分を上げる

私は色味のある服が好きではありません。身につけるのは、白、黒、ブラウンなどの無彩色の服です。そのぶん、アクセサリーや小物に色のあるものを選びアクセントにしています。

60代を目前にしたある日のこと、学生時代によく塗っていた方法で真っ赤なマニキュアをしてみたら「似合う！」と思いました。爪の全体を塗るのは印象が濃すぎるのですが、爪の真ん中にラインを引くようにちょこんとのせるといい感じなのです。シワが入ってゴツゴツとした手には、はっきりした赤い色がかっこよく映えました。以来、仕事で「ここぞ！」と気合いを入れたいときには、赤いマニキュアをして気分を上げています。

もうひとつ、メンタルのために投入しているおしゃれアイテムに、ダテ眼鏡があります。顔にたるみが出てきたことで、表情に元気がなく見えてしまうのをカバーするのが目的です。

最初はメイクで元気を出せないかしらと、赤い口紅を塗ってみたのですが、アイラインぐらいしかメイクをしない化粧っ気のない私の顔に、赤い口紅は派手すぎて不自然でした。

そこでダテ眼鏡をかけてみたところ、ワンポイントになって全体の印象が引き締まりました。グレーヘアとも相性バッチリです。

眼鏡のいいところは、人の目線が眼鏡にいくところ。実は私は人前に出るのがあまり得意ではありませんが、仕事で接客をしたり、雑誌の取材を受けたりするときにダテ眼鏡をかけると、注目がそらせる気がして人前でも話しやすくなりました。

いつしか眼鏡は私にとってお守りのような存在に。いろんなデザインの眼鏡を試してみたいなと、おしゃれの楽しみがまたひとつ増えました。

おしゃれのコツは、「ギャップ」をつくること

服は肌に触れるものだから、心地いい素材を着たい。だから私が選ぶのは、コットン、リネン、ウールなどの天然素材の服です。

しかし、リネンやコットンの素材を全身にまとっていると、ナチュラルなイメージが強くなりがちです。おしゃれにおいて私が目指したいのは、格好よくあること。甘い雰囲気にならないように、小物でバランスをとっています。

プラスする小物は、異質な素材を選びます。たとえば、風合いのあるリネンの服に、おもちゃみたいなプラスチックの指輪を合わせる。落ち着いて見えるコットンの服に、派手なナイロンのバッグを合わせる。正反対の素材でコーディネイトのなかに「ギャップ」をつくると、型にはまらないおしゃれが楽しめます。

服の色の組み合わせについては、前述のように無彩色が好きなので、黒と白、白

とブラウン、または同系色を組み合わせるパターンが多くなりますが、全身を同系色でまとめるときも、ざらざら、ゴツゴツ、フラットなど、素材の違いでメリハリをつけています。重ね着をしているのに同じような印象の素材だと、全身が大きなまとまりに見えて重く感じるからです。

また、重ね着のときには襟元に気を遣っています。トップスとはおりものの襟がかぶっていると、重ね着のよさが出せませんから、トップスの襟が見えるようなはおりものを選んだり、ボタンを外して着るようにしたり……。丈のバランスも印象を大きく左右するので、はおりものが長いときには、なかに着るトップスを短くする。その反対に、短いベストを着るときは、丈の長いインナーを選んでベストの裾から出してバランスをとっています。

体型がふっくらしてくると、大きめの服ですっぽりと覆いたくなりますが、重ね着を駆使するほうが立体的に見えて、結果、体型をカバーする気がしています。

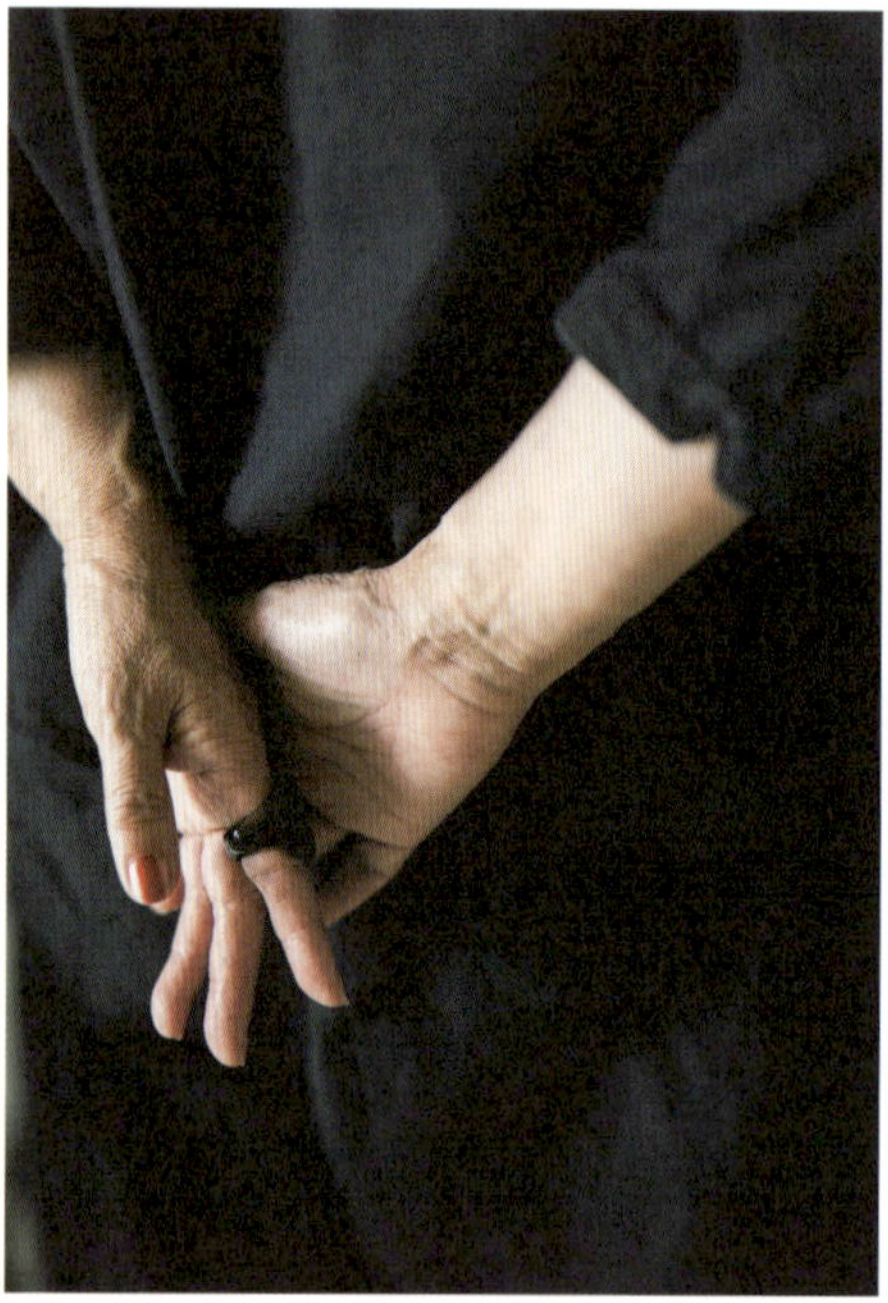

歳を重ねてシワが入ったごつごつの手は、赤いマニキュアが似合うのがうれしい。経年変化を愛おしく思えるようなおしゃれがしたいと思っています。

着る服は無彩色が多いので、アクセサリーでワンポイントをつけるのが好き。
ついつい惹かれて集めるのは、おもちゃっぽいものや、鈍い素材感のもの。

柿渋染めのコートに、古いテント生地でつくったチクチクパンツ。マニッシュな雰囲気になりすぎないよう、かごのバッグを合わせて外します。

右／同系色のトップスと丸いアクセサリーが、グラフィカルな巻きスカートを引き立てるコーディネイト。味のある革素材の靴をはいてギャップを出します。

左／シルクのワンピースには、同じシルク素材のボンボンネックレスを合わせてさりげない動きをプラス。つばのない帽子でヘアスタイルを引き締めました。

チクチク定番のベストは、着こなしのワンポイントにはおって楽しみます。下に向かってボリュームが出るようにバルーンスカートを合わせました。

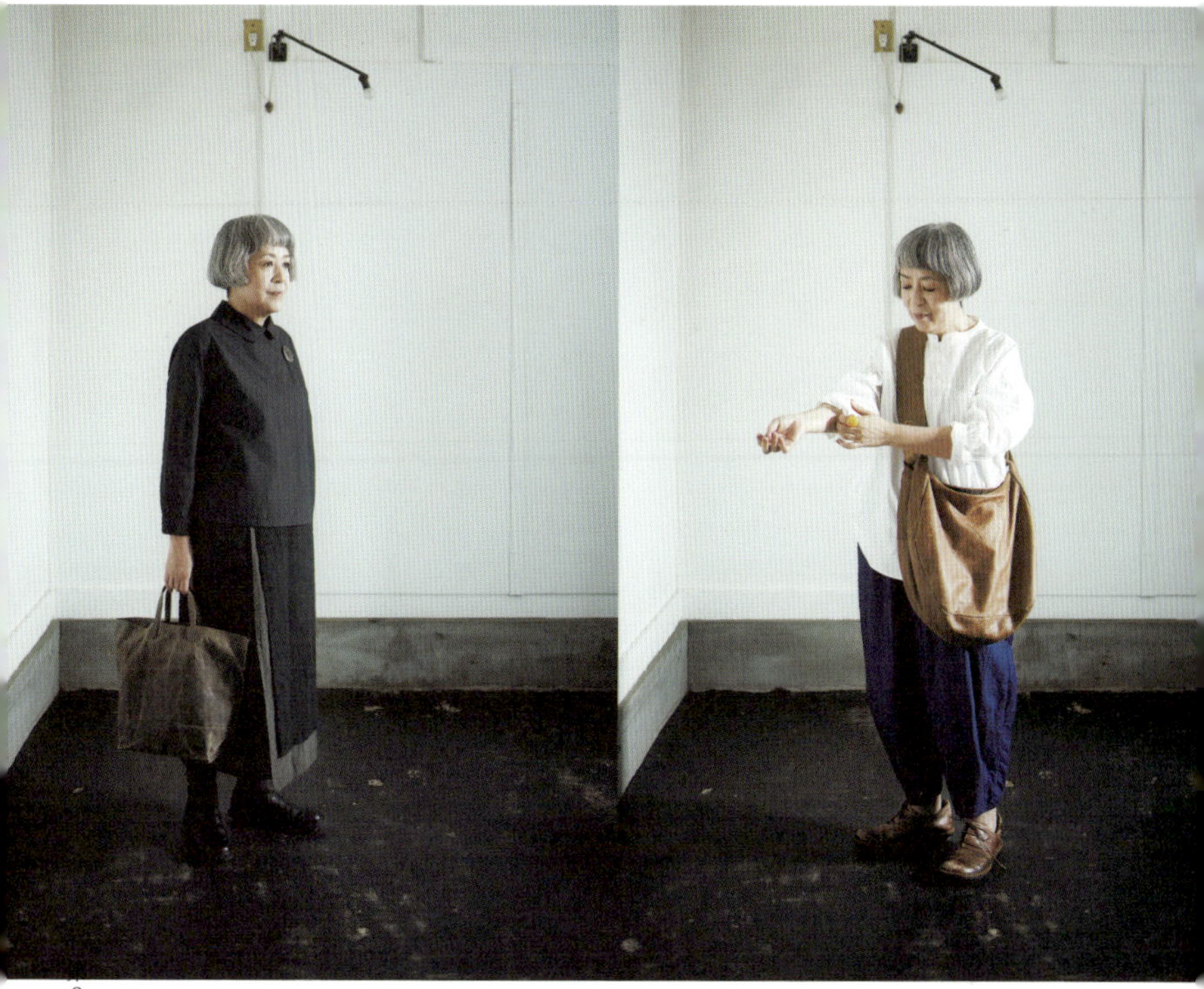

右／ラクに着られるオーバーシャツとカボチャパンツを合わせた、カジュアルなスタイル。ポイントにした鞄は革作家Tokizakiさんとのコラボアイテムです。

左／ブラウスと巻きスカートで縦のラインを意識した着こなし。ワントーンのコーディネイトに、スカートの形とバッグでちょっぴり個性を出しています。

第4章　人生後半からの自分探し

「好き」を追いかければ、いつか形になる

24歳で結婚し、職場を退職。当時は結婚したら専業主婦という流れが当たり前でしたが、少しだけ取り残されたような感じがしました。社会とつながっていたい、やりがいを見つけたい――。そんな気持ちがどこかにあったのです。

子どもが小さいうちは仕事には出られないけれど、それならば、今の環境で社会とつながれる何かを始めてみようと思いました。

家族に食事をつくる立場になってから、食の大切さを感じていた私は、料理以前に食材の素性をきちんと知りたいと思い、共同購入のグループに参加することに。そのグループでは、有機農業の先駆けである山形の農家から、定期的に収穫物を取り寄せていました。当時にしては、新しい取り組みだったと思います。

メンバーは5～6人ほどで、私よりも少し先輩世代。食だけでなく、インテリア

などにもこだわりを持つ人たちでした。あるお家に行くと器がすごく素敵だったり、また別のお家にいくとパイン材のナチュラルな家具を使っていたり。なかでも旦那さんが設計士だというお家は、北欧のヴィンテージの椅子や照明があって、キッチンも黒を基調としていたのが、すごく格好よく思えました。

雑誌で素敵なインテリアを見ることはあっても、リアルに素敵な生活を目にしたのは初めてだったので、私がここのメンバーから受けた刺激は計り知れません。私もこんなふうに暮らしたいと憧れを抱きました。社会から取り残されてしまったという、心に空いた小さな穴は「暮らしを楽しむおもしろさ」でふさがれたのです。

その途端、専業主婦の毎日が色づき始めました。料理や器やインテリアなど、「こうしてみたい！」があればどんどん試していけます。10代の頃、米軍ハウスや映画のシーンを見ては憧れていたことを、実践していきました。

とはいえ、こだわりがあればあるほど、お金はかかります。わが家はお金持ちではありませんから、少しずつ工夫を重ねることで暮らしの楽しみを見つけていきました。

たとえば、子どもたちの学習机は、当時、日本に二度目の上陸をしていたイケアの引き出しを2つ買い、木材の天板を乗せていました。また、賃貸住宅ながらも好みの内装にするにはどうしたらいいかと、壁の一面を板で覆ってイメージチェンジを図ったこともあります。

古道具を好きになったことも、共同購入グループのメンバーからの影響です。まだ小さかった長男の手を引いて、日曜日になると蚤の市に通っていました。まさかそのときは、自分がのちのち古道具屋の店主になるなんて、思ってもみませんでした。欲しいものはいっぱいあったけれど、当時の私には買えない値段だから、いろいろ見たあとに1枚500円の豆皿を買って帰るのが、ささやかな楽しみでした。そうやって、好みの器が一つ増えるごとに、食卓の上の風景が変わっていくのがうれしかったのです。

「着ること」への興味が、さらにはっきりしたのも専業主婦時代です。もともとおしゃれにはこだわりが強いほうでした。シンプルな装いが好きだった私には、よくあるカラフルな子ども服は着せる気になれません。

ならば自分でつくってみようと、本を参考にしながら縫ってみたのが、私のソーイングの始まりです。学校の家庭科で習った程度の技術しかなく、あまり器用ではないけれど、子どもが着る服だと思うと気軽にトライできました。メーター100円、200円の生地を買うために、手芸屋さんのセールの列に子どもをおんぶして並び、子どもたちがお昼寝をしている間に縫っていました。

わが家は今でいうワンオペ育児。

男の子ふたりだったので、1日に2回は外へ連れ出して遊ばせていました。彼らがお腹を空かせたらすぐにごはんが食べられるように、食事の支度もつねに前倒しで下準備。家事だけでなく、お風呂に入れるのも、寝かしつけをするのも私ひとりだから段取りが大事だったのです。主人は休みの日も、趣味のバンド活動などで出かけていきます。自分だけの時間はそう持てない日々でした。

そんななか、すき間時間を見つけて子ども2人分の服を縫っていたのですから、若いときって、何はなくとも体力はあったんだなあとつくづく思います。

めまぐるしい毎日でも子ども服をわざわざ手づくりしていたのは、ママ友だちが褒めてくれるのがうれしかったから。やっぱり人って、ささやかでも認められるとうれしくて、またがんばれるもの……。誰かに見てもらえること、褒めてもらえることを心のどこかで望んでいるんですよね。

ミシンに慣れてくると、次第に自分の普段着も縫ってみるようになりました。この時期の私にとって、本を参考にしていたとはいえ、服づくりはささやかな自己表現でもありました。家事や育児とはまた違った、自分の趣味を発揮できる機会になっていたのです。

こうして専業主婦の頃に、衣・食・住の大切さ、暮らしのおもしろさに気づけたことが、今の私の原点になっています。

一見、仕事に結びつかないようなことも、未来の自分につながっていく。あの頃の自分はそんなことは分からずにいたけれど、今でははっきりとそう思えます。憧れに近づこうとがんばったり、これは嫌だと思うことを解決するために工夫をしたり、好きなことにこだわった経験は決してムダにならないもの。自分のなかに蓄積されて、いつか花開いていくのだと思います。

2DKの団地で始めた、自宅ショップ

下の子が小学校に入ると、ようやくパートに出る時間ができました。専業主婦の毎日を通して、インテリアに興味を募らせていた私は、折り込みの求人広告の中から住まいにまつわる仕事を探し、市内にあったリフォーム会社の企画職に就くことに。主な仕事はショールームのディスプレイ担当など、集客にまつわる企画全般です。

少しして仕事に慣れてくると、「取り扱い商品をショールームに飾るのは、どのリフォーム会社でもやっている。それだけでお客さまは呼べないのでは」と思い始めました。そこで、会社とつながりのあった器屋さんの器や職人さんの手づくりの家具を並べ、販売できるイベントを企画しました。それがリフォームの受注につながるまでにはいかないものの、人は集まり活気を出すことはできました。

また、チラシ制作も私の担当でしたが「宣伝だけを書いたのでは、読んでもらえない」と、ミニコミ誌ふうに方向転換。「○○通信」と名づけて定期発行し、会社があった地域周辺のお店紹介や、この街に暮らす「素敵な人」を取材するコーナーをつくりました。取材相手を探すのは大変ですから、出てくれた方に次の取材先を紹介してもらうリレー式にしたところ、ものづくりをしている方々などとのつながりが広がりました。

こうなると仕事はどんどん楽しくなります。自分の好きなものを飾りたい私は、ショールームに古道具を並べていました。什器代わりに古い板を運び込んで、社長から「お客さまが住まいを新しくしたくて訪れるショールームに、古い板をおくとは何事だ」と、おしかりを受けたことも……。

イメージに合わせて空間をつくること、自分の企画を実現していける仕事はおもしろかったのですが、より自分の趣味に近いところでがんばってみたいと思い、2年ほどで退職しました。

次の仕事を探す前に、私は心のなかであたためていたことを形にしてみようと思いました。それは、友人の家を借りて、好きな作家さんを集めた展示会を開くことです。当時は80年代より続く「雑貨ブーム」のまっさかり。業務用の食器など独自のセレクトで人気を博した「フォブコープ」や、作家ものの器を扱う「ファーマーズテーブル」など、店主のセンスが際立つお店がいくつかあって、訪れるたびに刺激を受けていました。いつか自分も好きな物を集めて販売してみたい……と思っていたのです。

リフォーム会社時代につながりのできた作家さんや、友人の紹介でつながった作家さんに声をかけ、展示会で扱わせて欲しいとお願いをしました。粉引きや焼き締めの器、古道具、染め物や木工作品などを集めて販売をすると同時に、古楽器の演奏家に声をかけてライブを開催。地元で活躍していたエッセイストの方の著書も扱い、小さなイベントながらも独自色が出るように工夫。宣伝は口コミだけでしたが多くの人に足を運んでもらえました。

このときの達成感はとても大きく、私は好きなものを集めた空間をつくりたいのだと、はっきりと意識できました。

本当は、そんな仕事ができるようなショップやギャラリーなどの就職先を探したかったのですが、近場ではなかなか見つかりません。すると友人から「自分の家で、店をやればいいいんじゃない？」とのアドバイスが。

その頃のわが家は、２ＤＫの団地住まい。６畳と４畳半の和室に、ダイニング・キッチンが8畳の間取り。6畳間には二段ベッドや机もあるし、４畳半にはテレビボードもあり、家族４人が住むだけでも精いっぱい。駅からも遠く、客観的に考えて自宅ショップに向いた条件は、ひとつもありません。

それでも、友人にいわれた瞬間「やってみたい！」とスイッチが入りました。

「店を持つなんて大それたことはできないけれど、自宅ならどうにかなりそう」と思ったのです。店を持つお金がないから自宅でやってみる。そんな感覚で、好きだった古道具の生活雑貨を中心に、栃木や茨城の窯元から仕入れた器を並べることを考えました。

オープンは週に2回。主人も子どもたちもいない、平日の昼間の時間帯です。まだ下の子が小学生だったことや、仕入れに行く時間なども含めて考えると、そのぐらいの営業時間が精一杯でした。

ショップスペースには、玄関入って手前のダイニング・キッチンと4畳半の和室を仕様。ディスプレイ用の台などはわざわざ購入せずに、商品として仕入れた古いちゃぶ台、木箱、かごなどを部屋に並べて、その上に小物をディスプレイすることで立体感をつけていました。

当時は自宅ショップがまだまだめずらしかったこともあり、すぐに口コミが広がって、遠くからもお客さまがやってくるようになりました。

訪れるお客さまは、思っていた以上にわが家が狭くてびっくりされることもしばしば。「どこで寝ているんですか?」なんて聞かれたこともあります。あるときは、オープン日ではない日曜日の午前中にお客さまが間違えて来てしまい、何度もピンポンを鳴らされたことも。そのときは、家族全員パジャマ姿だし、部屋の中は生活感でいっぱいだし、出るに出られず息をひそめていました（笑）。
ゆるやかながらも軌道に乗り始めていた自宅ショップでしたが、3カ月であえなくクローズすることに。というのも、集合住宅のルールで、物販をしてはいけないと注意を受けたからです。これは迂闊でした……。短い期間ではありましたが、私にとってはこの自宅ショップの経験が、次のステップに進むための大きな転機になったことは確かです。

自宅ショップをクローズしてから数ヶ月がたったある日、わが家からほど近い場所で「一軒家、貸します」という張り紙に出合いました。残った在庫をどうしたものかと困っていた私は、その張り紙に釘付けになりました。張り紙にあった番号にダメもとでに電話をかけてみると、二階はすでに別の人が住んでいるため、一階だけの貸し出しとのこと。間取りは1Kで、6畳の和室と6畳のキッチン。初めてのお店にはちょうどいい広さだし、家賃も交渉の余地がありそうな雰囲気。思い切ってお店として借りたいこと、予算が少ないことを伝えると、あっさりＯＫしてくれました。

自分でお店を持つなんて考えもしなかったのに、自宅ショップでの経験でちょっとだけ自信がついていた私は、「ここならできるかも」と思ってしまいました。あまりに急な展開だったので、敷金礼金は主人から借りることに。

駅から遠い裏通りの、なんてことない一軒家ではありますが、こうして私は39歳で自分の店を持つことになりました。

そこからが険しい道だったと知るまでに、そう時間はかかりませんでしたが、このときの私は「やりたい」気持ちを叶えるのにただただ夢中でした。

「好き」がゆずれなくて売れない苦労をした古道具屋時代

前ページでお伝えしたように、埼玉県の住宅街に私が古道具店を構えたのは、1993年のこと。自宅ショップの延長線上で始まった店は、口コミだけが集客の頼りでした。

集客も立地も深くは考えず、勢いだけで借りた場所。

もともと店舗物件ではないし、人通りも少ないため、ふらりと入ってくる人はいません。今のようにブログもない時代で、チラシをつくる予算もなく、宣伝のしようがありませんでした。

自宅ショップからのお客さまはついていたものの、家賃を払えば儲けはほとんどナシ。新たなお客さまとの広がりを得られないまま、2年後、大家さんから「身内に貸したい」と契約終了を告げられました。

しかし、「店を持ちたい」といったん灯された火は、なかなか消えません。利益はないけれどなんとか資金をまわせていること、常連さんがついてくれていることを拠り所に、「次は駅前でやってみたい」と、あらためて店舗を見つけました。

このとき、初めての店舗契約を交わすために金融公庫からお金を借りたのです。保証金に数百万がかかるなんて常識すら、知らなかった私。大金におののきながらも、勢いのままに突き進んでしまいましたが……。

いざオープンしてみると、期待したほど新規のお客さまは増えませんでした。利益が出るどころか、家賃が上がったのと返済分があったのとで、収支は以前より厳しくなっていったのです。

だんだんと毎月の資金繰りにドキドキするようになりました。これまでの展示会や自宅ショップで自信をつけてきた私ですが、ここにきて商売の厳しさを体験していました。「どうしてお客様が増えないんだろう。ほかでは買えないような商品を、しっかり並べているのに」。

でも、今になって振り返るとわかります。いちばんのネックになっていたのは、私のこだわりです。「好きなものしか置きたくない」という気持ちが、あまりにも強すぎたのです。

当時、アンティークといえばカントリー好きな女性が多く、そういうものを仕入れれば売れたかもしれないのですが、私はデコラティブだったり、かわいい雰囲気だったりするものが苦手です。好みではないものを店に並べることが、どうしてもできませんでした。

本来ならば、支払いが大きくなってしまったのだから、それに見合った売り上げを得るために、見通しを立てなければいけなかったのでしょう。商品のうち何割を売れ筋にして、何割を好きなものにするなど、自分の世界観を守れる範囲でバランスをとることを、経営者として考えなければいけなかったのだと思います。けれども私は、それをゆずることができませんでした。

とくにその頃は、資金繰りが厳しくなっていたために、商品が1点ずつしか仕入れられない状況になっていました。ひとつ売っては、その売上金を持って、次の仕入れにいく……。仕入れられる量が少なかったから、なおさら好きなものしか選べなかったのだと思います。

まだまだ若かった私は、たとえ台所事情が厳しくとも、自分の世界を主張することで精一杯でした。

駅前で1年半がんばった頃、「カフェもできる物件がある」と知り合いからお誘いを受けました。家賃の負担も減らしたかったし、新しいこともしてみたいと思い、私は店舗を移すことに。今のままでは先細りだけれど、お茶を飲むという目的があればお客さんも入りやすいかもしれないとイメージしたのです。メニューに出したのは、コーヒーと手づくりのカレー。テーブルやイスなど、店の什器はすべて商品とし、お客さんが気に入ったら買える仕組みにしました。

思い返すとこの頃の私は、すごく疲れていた気がします。家事はもちろん、PTAの参加や土日の子どもの習いごとの手伝いもありました。好きで始めた仕事とはいえ、毎日がてんてこまい。通勤時間も増えて、時間とお金のやりくりに追われていたのです。

移転した店舗でもなかなか商売を軌道にのせられないなか、前述のように実家の母が倒れたことをきっかけに、私は店終いを決意しました。そこに至るまで、借金までして始めた店をたたむわけにはいかないと自分を追い込んでいましたが「もう無理だなあ」と、私のなかで緊張の糸が切れた瞬間でした。

公庫で借りたお金は、主人に肩代わりをしてもらい精算しました。その後、主人への返済に10年もの月日を費やしたのは、大きな大きな勉強代でした。あの頃の痛みは、私のなかにしっかりと刻まれています。

特別支援学級での仕事が
ものづくりの楽しさを教えてくれた

店を閉め、母の介護が一段落したあと、私の頭に浮かんだのは「これまでとまったく違う仕事に就きたい」との思いです。さまざまなことに追われていた日々から、なるべく遠い場所に身を置きたいと、無意識に思っていたのかもしれません。

いろいろな求人をチェックしているなかで、市の広報誌に出ていた特別支援学級の副担任募集に目がとまりました。大学時代に取った福祉の資格が生かせそうだし、子どもと関わる仕事にもピンときて、履歴書を送るとすんなりと採用に。小学校の臨時職員として働くことが決まりました。

任期は一年間、受け持ちは低学年。担任の先生は私と同じ40代の女性です。朝早くから教室に通い、子どもたちと一緒に過ごすなんて初めての経験。何もかもが新鮮で、私はたちまちこの仕事に夢中になりました。

いちばん楽しかったのは、図工の時間です。子どもたちが描く絵は、とっても自由。工作にしても勢いがあって、これでいいんだなあと、目からウロコが落ちました。私は絵がヘタだったので、それまでは自分の腕に自信がなかったのです。子どもたちとの授業を通して、つくるって純粋に楽しいことなんだと素直に思い始めました。低学年でまだ小さい子どもたちだから余計にかわいく、笑ってばかりいました。

一方で、疑問に感じたこともあります。

当時の授業で目指していたのは、真っ直ぐ線を描いたり、きれいにつくれたり、「できる」に近づけることでした。音楽のけん盤ハーモニカにしても、ちゃんと演奏することがゴールです。間違いを直してがんばらせる指導。授業だから仕方ないのかもしれないけれど、子どもたちがせっかく持っている個性があるのに、このまだと潰してしまわないだろうか……。私には、そんな気がしてなりませんでした。

それというのも、私は古道具屋時代に当時のお客さまに連れられて、障害者の制作活動に力を入れている福祉施設を訪れたことがありました。そのとき目にしたのは力強い作品ばかり。今まで観たことのないアートに「こういう世界もあるんだ」と心を動かされ、その後も何度かその施設に足を運び、東京都美術館で開催されたエイブル・アート（障害者芸術）の展覧会も観に行っていました。

そんなふうに、障害者の方がつくるものへの可能性を目の当たりにしていたので、きれいに描けるように正していく指導は何か違うと、感じてしまったのだと思います。私が学校で先生方にエイブル・アート展の話をしたところ、先生方がみなさんで東京美術館まで観に行ってくれたのは、うれしい出来事でした。

一年間の任期を終える頃、私のなかに「何かをつくってみたい」という興味がわいていました。子どもたちと一緒に手を動かしているうちに、つくる楽しさに目覚め、不器用ながら何かチャレンジしてみようと思ったのです。ありがたいことに学校からは契約更新のお話がありましたが、そのときにはもう、次の何かを見つけていこうと自分の気持ちがかたまっていました。

子どもたちのおかげで、私はいつの間にか元気を取り戻し、次なる道に向かい始めていました。

専門知識がなくても、まずはやってみる！

ものづくりに向き合ってみたいとは思ったものの、自分に何がつくれるのか……。好きなもののなかから、しばらく思いを巡らせてみて「手づくりの服ならできるかも」と思いました。ミシンだったら、子ども服をつくるのに使っていたことがあります。おしゃれも大好きです。44歳になった今の私がつくるなら、子ども服ではなく大人の普段着をつくってみたい。40代になってから、以前の服が似合わなくなってきたのを感じていた時期でもありました。「こんな服があったらいいな」というのを、形にしてみたいと思ったのです。

そんなことを友人に話していたら、後日、彼女がロックミシンをプレゼントしてくれました。以前、私が彼女の仕事を手伝ったお礼に、ということでした。「今度はあなたが、がんばる番よ」とエールをくれたのです。いろんな不安を抱えて何もやらないより、誰かに相談してみると案外道は開けるものです。彼女に背中を押されて決心がつきました。

妄想好きな私はすぐにプランをイメージ。春夏秋冬のシーズンごとに服をつくり、自宅で展示会を開こう。その頃はすでに今のマンションに引っ越していたので、部屋番号にちなんで服のレーベル名を「スタジオ a１４０１」とつけました。

最初の頃は、素直に自分が「こんなデザインの服を着たい」と思ったものを、１枚1枚、ひたすら形にしていきました。洋裁もデザインもノウハウはゼロ。一度も勉強したことがないので、すべて感覚で判断です。パンツは太いほうがいい、オーガンジーの素材でベストをつくってみたらどうだろう……。手探りしながら、とにかく手を動かし続けました。

でも、私には根拠のない自信のようなものがありました。実は古道具屋時代に一度だけ、服の展示を企画したことがあったのです。自分でデザインをしたブラウスを、20着ほど友人に仕立ててもらったところ完売したのです。そのときの経験を支えに、「私のように、もっとシンプルな服が欲しいと思っている人はきっといるはず」と信じてつくり続けました。

最初の展示会が実現したのは、ミシンに向き合い初めて半年後。自分のレーベルとして初めて並べた服の数は20着です。期間は1日のみ。まだリフォーム前だったので、廊下を使って作品をつるし、展示会らしく見せました。

集客は古道具屋時代のお客さまのなかから、おしゃれが好きそうだった人を思い出して10名ぐらいにハガキを書きました。するとうれしいことに、ハガキを出した人のほとんどが、実際に足を運んでくれたのです。店の運営には苦労したけれど、常連のお客さまに恵まれたことが、何よりの財産だったとあらためて感じました。

実はこの時期、自分が美大も専門学校も出ていない素人であることに引け目がありました。せめて今からでも習いに行ったほうが、いいのではないか……。そんなふうに悩んでいる私に、またもや友人が「勉強してないからこそ、つくれる服だってあると思うよ」とアドバイスをくれました。つまりは、「知らないことを強みにすればいいのではないか」と。

なるほど、そういわれてみれば過去にも思い当たることがありました。子ども服をつくっていた20代の頃。すごく褒めてくれたママ友のなかには、文化服装学院を卒業したとか、内職で縫い子をしていたとか、私より得意な人がいたのです。けれど、その人たちは正しい洋裁の方法でつくろうとするから、子育てしながら服を縫うなんて「面倒で無理」と、はなからあきらめていたのです。私のざっくり仕上げを見て、これぐらいでもいいんだと思ったらしく、それからママ友たちの間で、子ども服づくりがちょっとしたブームになりました。

こうしなくてはと知識があることは、時に発想のジャマをします。そもそも私は、特別支援学級の子どもたちとすごした図工の時間に、「うまい／へた」の次元から自由になることを教わったからこそ、ものづくりを志したはず。

もしもどうしても、知識や技術がなくて困ることがあったら、その時にまた考えればいい――。そんなふうにやりたい気持ちが盛り上がったまま、走り出してもう20年以上が経ちました。今でも私は一度も習うことなく、服づくりを続けています。

ものづくりで「稼ぐこと」ができず、パートに出ようかと葛藤した時期

「スタジオ a１４０１」を始めて少しした頃から、雑誌の取材を受けるようになりました。古道具とカフェの店をしていた頃のお客さまからの紹介で、依頼が来たのです。

最初に出たのは、簡単な料理をテーブルセッティングで素敵に見せる企画でした。その際、記事の端に私が服をつくっていることを載せてもらいました。すると雑誌の発売後、うれしいことに展示会についての問い合わせをいくつかいただきました。

その後、いろいろな雑誌に載るたびに、服についての問い合わせをいただくように。服の記事でもないのに、です。あるときは、いきなり「服を取り扱いたい」といってくださる自宅ギャラリーの方もいました。そのオーナーは、雑誌に載っている私のインテリアの様子から趣味が合うと思ったようです。お会いしたことも、実

際に服を手に取ったこともないのに、どんな服をつくっているかは「見なくてもわかる」というので、びっくりしました。暮らし方への興味が、つくるものへの興味につながっていく。そんなこともあるのですね。私の生活に興味を持ってくださる方がいることをうれしく思いました。

おかげさまで口コミも広がり、服の売れ行きは上々ではありましたが、もうけが出ているかといえば難しいところ。自分の小遣い程度の利益でした。なにしろ自宅で開催している展示会なので、ワンシーズンに出せる服の数が限られています。手探りの服づくりゆえに1枚を仕上げるまでの時間もかかるし、少しずつ生地を仕入れているため原価もそれなりにかかっていました。そもそも、利益が出る仕組みではなかったのです。

素人が始めた服づくり。たくさんではないけれど自分らしい服のデザインをつくり、お客さまに買ってもらう。自分のやりたいだけで突っ走ってきましたが、わが家の家計は潤沢ではありませんでした。その頃は長男が大学に通い、次男は受験を控えているという、教育費がピークを迎えていたとき。「パートに出て、毎月の定期収入を確保したほうがいいのではないか……」、本当に悩みました。主人もできればパートに出て欲しい、家にお金を入れて欲しいと、思っていたでしょう。直接は口に出さないけれど、言葉の端々にそんな様子が感じ取れました。

けれどもパートに出たら、服をつくる時間が減ってしまいます。私の性格を考えれば、たとえ週に3日でも外で働いたら、疲れてつくれなくなることが目に見えていました。毎回、展示会に来てくれるお客さまがいたことを思うとあきらめがつきません。

主人に正直に自分の気持ちを話すと、ありがたいことに理解してくれました。もしも主人が正面から反対したら、私はパートに出ていたと思います。

では、どうやってこの大変な時期を乗り切ろうか。夫婦で話し合った末に、あらためて家計を見直すために、家計の管理を主人にバトンタッチしたのです。主人は私よりもマメな性格で、きちんと家計簿もつけられる人。安心して任せられました。代わりに私は、食べ盛りの子どもがいて増える食費を抑えるため、節約をこれまで以上に工夫するようになりました。

私はこの時期、パートには出ないと明確に決めたわけではありません。ただただ、服づくりを辞めたくない、続けたい、どうしよう……。そんなふうに答えを引き延ばし、あきらめがつかないうちに時間がすぎていたのです。答えを出せないことが、私の答えだったのかもしれません。

現在の仕事場のひとつである「作業所」では、製作や在庫管理をしています。
壁に飾っている青い板は、昔のこたつに使われていたもので古道具店で購入。

右／もとは和室の押し入れだった部分を、ディスプレーコーナーに。創作の気持ちを刺激するものや、これから使いたい素材、過去の作品を並べています。
左／裁縫箱に使っているのは、靴磨き職人の道具です。本来なら足をのせる部分が取っ手のようで使いやすく長年愛用。サイコロのような針山は自作のもの。

縫製を工場に移行した今では、一点物である古い布の作品だけを自作しています。カタカタとミシンを走らせるのも、私にとって必要な時間です。

10年来の定番となった「チクチクパンツ」。ウエストがゴムでもすっきりとはけるラインに、前ポケットのデザインで「チクチクらしさ」を加えました。

上／幅はゆったり、丈は短く、袖は七分丈に。自分が欲しいトップスのラインを実現したブラウスは、前ボタンと後ろボタンの２パターンをつくりました。
下／プロダクト化を目指し、50万円をかけて発注した記念すべきワークコート。これは売り切れなかった数枚を藍で染め直し、再販売した苦心のアイテム。

30代の頃から、古い布が好きでずっと集めてきました。時を重ねてきた素材は、
１枚１枚がまったく違う表情を見せてくれ、魅力が尽きません。

上／もとスナックの面影が残る「山中倉庫」。ギャラリー＆ショップスペースとして、不定期でチクチクや、そのほかの作家さんの展示会を開いています。
下／その２階にある「山中荘」。作家さんの休憩室や打ち合わせ場所として使うほか、今後はワークショップも開いていく予定です。

第5章　60代で開花した仕事

とことん落ち込んだあとの再出発。49歳、服づくりを仕事にする決意

闘病を続けていた母がいよいよ危ないと聞かされたのは、「スタジオ a 1401」を始めて4年が過ぎた頃。私は再び青森に帰って、2カ月間の介護生活を送ったことは前述の通りです。

母を看取ったあと、青森の実家を片づけながら泣いてばかりでした。幼い頃に母と過ごした時間を思い出したり、母の人生は幸せだったのだろうかと考えたり。あのとき、ああすればよかった、こうすればよかったという思いも次々にわいてきました。別の身内の病気なども重なり、数カ月は何もやる気が起きず伏せていました。

もう泣きつくして涙も出なくなったある日。ふと、哀しみはどうすることもできないけれど、自分は自分の人生をしっかり生きるしかない。やりたいことをやろう。ふつふつと生きる力がわいてきました。どん底まで落ち込んだから、前を向ける気

持ちになれたのでしょう。私のなかで、服づくりを仕事にしていこうと覚悟が決まったのは、この時かもしれません。

　これまでのやり方、仕組みを見直して、新しい出発を図りました。服づくりのペースを上げ、お客さまの手に渡る機会を増やさなければ収入は増やせません。これまで年4回だった展示会を、毎月5日間やると決めました。

　とはいえ、毎月手づくりした服をつくるのは時間的に無理があります。そこで、バッグやアクセサリーなどほかの作家さんの作品も扱っていくことにしました。自分自身も、いろいろなもの扱ったほうが、楽しくなるのではと思ったからです。

　レーベル名も「CHICU＋CHICU5／31（ちくちくさんじゅういちぶんのご）」にあらためました。名前の由来は、針仕事の「チクチク」と、ひと月のうち5日間だけオープンするという意味。こうして2003年、49歳のときに、新たなスタートを切りました。フルネームで呼ぶのはやや長いせいか、いつの間にか周囲からは「チクチク」の愛称が浸透するようになっていました。

着る人の個性を引き出す定番パンツが生まれるまで

「チクチク」を立ち上げた当時、ちまたで目にしていた手づくりの服といえば、派手な柄物だったり装飾がかわいかったり、作り手の個性が強く出ているものが目立ちました。私は、主張の強すぎる服は苦手です。その1枚を着るだけで服が主役になってしまうからです。

チクチクでつくりたかったのは、シンプルな服です。着る人の着こなし方によって、イメージが変わる余地を残したい。服が主役ではなく、着る人が主役になるデザインを目指したいと思いました。

とはいえ、小さな小さな個人事業主。元手もギリギリ、1回1回が勝負ですから、幅広くサイズを展開して在庫を抱えることはできません。

そこで考えたのが思い切って「ワンサイズの展開」にしてみることでした。身長や体格の違う人でも着られる服が、つくれないものか……。そんな無謀ともいえる制限をマイナスに捉えることなく、「デザインでどうにかなる！」と信じてイメージを広げました。

まず、トップスについては、袖は腕の長い人にも短い人にもなりゆきでフィットするように、「七分丈か八分丈」にしました。手首を見せるデザインが、着る人をきれいに見せてくれます。

そして、パンツやスカートなどボトムのウエストは、どんなサイズの人にもフィットする「ゴム仕上げ」に。そもそも私は、ファスナーなどの金具が苦手でした。自然に還る素材ではないので、服を始末するときに分別しなくてはいけないからです。チクチクの服は、リネンやコットンなどの天然素材でつくっていることもあり、エコロジーの観点からも金具は使わないことにしました。それに、ゴムだと着る人もラクだし、縫製もラク。仕事を始めた当初はすべて自分でミシンで製作していたので、数をつくるのには、縫製がラクというのも大切なポイントでした。

いいこと尽くしのゴム仕上げですが、パンツについては、ウエストにギャザーが寄りすぎたり、股上が長すぎたりすると、お腹まわりのラインがもたついてしまいます。また、ウエストだけでなく、ヒップやももまわりのサイズの個人差も考慮が必要でした。その点、ワイドパンツなら幅に余裕をもたせることができるので、「まずはワイドパンツを極めよう」と試作を繰り返しました。

これればかりは、たくさんのお客さまに実際にはいていただきながら、サイズの感覚をつかんでいくしかありません。それと同時に「ワイドパンツの幅を広くするときには、丈は短いほうがいい」などと、きれいに見えるライン、バランスを研究していったのです。

チクチクで今、いちばん人気の商品が「チクチクパンツ」です（P172写真）。これは、前述ワイドパンツのデザインが原型になっています。

チクチクを始めてすぐの頃から、見たらすぐチクチクのものだとわかる「代表作」をつくりたいと思っていました。

レーベルを始めて2年。ワイドパンツのデザインが安定し、自分が思うシンプルが達成できたと感じた頃に、「チクチクらしい個性を少しだけ加えてみよう」と思いました。ポケットでアクセントをつけてみたらどうだろうか。はり付けタイプのポケットは、いろんな人がつくっているから、違うデザインで特徴を出したい……。

そうしてたどり着いたのが「前ポケット」でした。ウエストがゴムでもすっきりはけるラインと、そのラインにすっと馴染みながらも目を引くポケット。

実際にリリースしてみると、同年代の女性だけではなく、20代の若い人や、彼女に連れられて見に来た男性も買ってくれるように。「シンプルだけれど、おしゃれに見える」「いろいろなトップスに合わせやすい」「着るのがラクなのに、すっきりとはける」など、おかげさまで好評を得ています。

年齢や性別にこだわらず、幅広い層のお客さまが着こなせる服をつくること、ボーダレスなおしゃれを提案することは私の究極の願いだったので、とてもうれしい出来事でした。

チクチクパンツが生まれて、すでに10年以上。シーズンによって生地を変えたり、丈を長くしたり、ポケットの位置にバリエーションができたり、マイナーチェンジを重ねた結果、リピートして買ってくださるお客さんが多く、ロングセラーにつながっています。

さまざまな古い布の端切れを使って製作している「テトラ鍋つかみ」。このとんがりモチーフがずらりと並んでいる光景に、なぜかたまらなく惹かれます。

声をかけられるのを待つのではなく、自ら動いて、きっかけをつかむ

チクチクとして新しいスタートを切ったあとの私は、服づくりを生業にするために、ギャラリーやショップにも活動の場を広げていこうと思いました。

個人で活動する作家は、つくるだけでなく、売るところまでが仕事です。自分が思い描く服がつくれたとしても、私のような無名の新人は待っているだけで誰かから声がかかるなんてありえないこと。当時はブログやSNSなどの発信ツールがなかったので、なおさらでした。

ひとりでつくれる服の枚数は限られているから、せっかくならば自分が好きな場所で売りたい——。そのほうが感覚の近いお客さまに出会える可能性が高くなるし、素敵な店を運営しているオーナーの仕事ぶりに触れることもできます。この頃の私は、気になるギャラリーやショップがあると積極的に足を運んでいました。

そんなふうに動いていた駆け出しの頃、スキルアップになる展示を経験することができました。知人の紹介で打診をし、あるパン屋さんに併設しているカフェスペースを使わせてもらえることになったのです。天然酵母の先駆けであるそのパン屋さんは、オーナーの哲学がヒシヒシと伝わってくるとてもいいお店でした。

しかし、いざ展示のプランを考えるうちに、パンを並べている空間の横でチクチクの服を並べるのは何か違う気がしました。パンを買いにきているお客さまのニーズと「服」というアイテムが、マッチしないように思えたのです。雑貨のほうがいいのでは……。

私は、ジャンルの違うメンバーを集めた企画に方向転換をしました。誘ったのは、多肉植物のアレンジをつくる「sol×sol」の松山美紗さんと、古道具屋時代のお客さまです。お客さまはパンのイラストを描いた便せんをつくり、私はパンを入れる袋を製作したり、美紗さんの多肉のアレンジに合わせてコースターをつくったりしました。お店に合わせて仲間と一緒に企画を考えるのはとても楽しく、自分ひとりでものづくりをするのとは違う広がりを経験できました。

このパン屋さんでの展示は友人の紹介もあって実現しましたが、自ら展示を「やらせてください」とお声がけしたこともあります。自分で交渉するのは、勇気がいることかもしれません。でも、私は「ダメもと」でお願いをしてみます。もし断られたとしても、何もしなかった場合と結果は同じ。失うものはなく、うまくいけば得られるものがあるだけです。そう考えると、不思議と勇気がわいてきます。

交渉ごとで難しいのは、断られるときよりも、むしろ断る側になるときや、条件をすり合わせるときかもしれません。展示会を「やらせてください」とお願いした先には、条件を確認しなければなりません。お金の交渉や、相手の期待にそえない返事をするべきシーンも出てきます。

そういう場合、「いいにくいこと」はなるべく早い段階で伝えます。後まわしにすればするほど、いいにくくなるからです。相手だって早くいってもらえたほうが、その後の手立てがつきやすくなります。

とはいえ、私にも失敗はありました。とある展示会でチクチクの服を置いてもらえることになったとき、あまりにうれしくて、委託か買い取りか、掛け率はいくらかを確認せずに快諾してしまったのです。服が売れるたびに、売れるのは喜ばしいけれど利益にはならないという複雑な気持ちに……。

失敗から学ぶこともあります。それも含めて、自分の身についていく。残念ながら断られたとしても、「断られないぐらい、実力をつけよう」とバネしていけば、ためにならないチャレンジはないと思っています。

53歳だから実現できた初めての個展

ふだんのチクチクの服づくりでは、お客さまに「着てもらうため」の服をつくっています。着る人が主役になるシンプルなデザインにこだわっているから、服に私の存在を宿すことはありません。

しかし、世の中にはたくさんの服が売られています。ただシンプルなだけでは、わかりやすい差別化ができなくて埋もれてしまう可能性もあります。大量生産ではない服を買いたいと思っているお客さまは、何かしらの「人とは違うこと」を求めている部分もあるのではないか……。わざわざギャラリーまで足を運んでいただくために、服のデザインとは別の部分で、作家である私自身の表現を発信していこうと思いました。もし共感していただくことができたなら、お客さまとチクチクとのつながりが一歩深くなるかもしれません。

いつか個展を開いて自分の世界観を発信したい――。そんな思いが実現したのは、チクチクを立ち上げてから4年目のことです。2007年11月、53歳のときに初めての個展を開きました。このときに私が挑戦したのは、自分の好きな空間をつくることと、「古い布」で非売品の服を仕立ててみることでした。古道具屋を営んできた頃から古い布が好きで少しずつ集めていたのです。何か自分の表現を……と思ったとき、古い布でものづくりがしたいと思いました。

なぜ私が古いものに惹かれるかといえば、人為的に生まれたものではないからです。とくに布のような素材には、無作為の美しさが顕著に感じ取れます。

材料にした古い布は、トラックの幌だったり、つぎはぎだらけのリネンだったり、一筋縄ではいかないものばかり。すり切れた繊維の表情、ほつれやほころび、繕いの跡。長い年月を経過するなかで、誰が意図したわけでもなく刻まれた痕跡。布そのものが持つ力強さをこわしてしまわないように型紙を置いていくのは、とても緊張する作業でした。なかでもたいへんだったのは、日本の古い蚊帳でベストをつくったとき。型紙を置いても縫おうとしても、どんどん生地がずれてしまうのです。ちょっとでも強く扱えばすぐにやぶけてしまいそうなぐらい繊細な作業でしたが、仕上がったベストはゆがんだ糸の目がやわらかな表情をつくり出していて、ゆらぎを感じる作品になりました。

そうして迎えた個展の日。ギャラリーのなかに私が思い描く空間をつくるのは、やりがいのある作業でした。私はギャラリーの左側に非売品の古い布の作品を、右側に販売用のチクチクの服をディスプレイしました。個展とはいえ、お客さまが購入できるアイテムもそろえたいと思ったので、作品を見てもらうスペースと売り物を並べたスペースをゆるやかに分けながら、ひとつの空間にしました。

そのときに、お客さま目線で工夫した点がふたつあります。

ひとつは、購入したものの持ち帰りについてです。多くの個展では、買ったものが会期終了後の発送になるケースが多いのですが、洋服って、買ったらすぐに着たいと思うもの。だから私の個展では、購入した服はその日に持ち帰りができるようにしました。そのぶん、服が減るごとにディスプレイを見直し、古い布の作品にスポットがあたるようにしました。

もうひとつは、お客さまがくつろぐための仕掛けです。会場となるギャラリーは埼玉県の住宅街にあって、周囲に寄り道できるカフェなどもありません。せっかく来ていただくのだから、その場に居合わせた人たちが雑談をかわせるような機会をつくりたい。そこで、日替わりでフードの出展をお願いし、ひと休みできるコーナーを設けたのです。天然酵母のパン、屋台のカレー、ヴィーガンのお弁当、玄米ワッフル、深煎りコーヒーなど、私が大好きな人たちに声をかけ、個展におたのしみを添えてもらいました。

個展のタイトルは「図画・工作の時間」です。私をものづくりの世界に引き込んでくれた、子どもたちとの図工の授業から、このタイトルをつけました。

古道具と小学校の臨時職員と服づくり。私がたどってきた点が、１本の線として結ばれた出来事でした。紆余曲折を経た53歳だからこそ実現した個展だったと、そう思わずにはいられませんでした。

私の50代はがむしゃら期。人生のピークは自分次第！

たんぽぽの綿毛のように、チクチクの服が全国の方々のもとへ旅立っていく――。そんなイメージをいつの頃からか抱いていました。チクチクをスタートして5年目頃より、まさにたんぽぽの綿毛のように、地方のギャラリーの企画に参加する機会が増えたのです。

きっかけは共通の友人からの紹介だったり、オーナーが私の個展に足を運んでくれたことだったり。ひとつの企画が実ると、また次の企画につながっていく。この頃の私の毎日は、つねに更新されていたような、新しことに触れていたような感覚があります。

当然、服をつくる量も増えていきます。1回の企画にあたり、つくる服の数は

100着を目指すようになっていました。その数をつくるのに、集中しても3～4カ月はかかります。

生地の仕入れ、デザイン、試作をしたら、自分でしばらく着用して着心地などを確かめます。微調整をすませ、これでつくろうと決まったら、アイテムごとに大まかなサイズに裁断し、生地をならすために洗濯、アイロンがけをします。自宅のベランダにたくさんの布を干した景色はなかなか壮観です。

それが終わるとようやく型紙をあてて裁断し、縫製をします。このように縫製にたどり着くまでとてもたくさんの作業があり、その後も発送という地道な仕事が続きます。

何着もの服を縫うのは、なかなか体にこたえること。歳を重ねるごとに、目が見えにくくなるし、肩こりもひどくなる。それでもがんばれるのは、とにかく「好き」だから。そして、たくさんの人のつながりがあるからです。

製作する時間は、まるで長距離マラソンのようです。「何着納品する」と自分でノルマを決め、締め切りまで追い込んでいきます。アトリエにこもり、周囲を糸くずだらけにしながらひたすら作業する。しんどいけれど1枚、1枚、気持ちを込めて針を刺していく。出来上がったときの達成感は、すごく大きいものです。

「今回も間に合った！」と、ホッとするのもつかの間。今度は「お客さまは、来てくれるだろうか……」というプレッシャーが襲ってきます。服の数量を増やしたぶん、材料費にかかる費用も安くはありません。でも、プレッシャーがあるのは仕事なのだから当然のこと。それも含めて、私は仕事が大好きです。自分を追い込んでがんばったぶんだけ、むくわれたときの喜びが心を満たします。

自分の仕事を確立していくために、がむしゃらになる時期ってあると思います。私にとって、50代はまさにがむしゃら期でした。仕事のほかにも、雑誌の取材が続いていたから、なおさら忙しかったのです。その頃は、手芸雑誌からの依頼で服以外の作品をつくることも多く、出されたお題に応えるために睡眠時間を削ることも。雑誌に出ると自分の宣伝にもなるので、スケジュールがタイトになっても断ることはまずありませんでした。

自分のキャパシティと照らし合わせてみて、無理かな……と思うことでも、がんばってみる。初めてでわからないことでも、やってみる。そんなふうに自分の限界に縛られずチャレンジしていくと、少しずつ力がついて、いつの間にかいろいろなことができるようになっていました。

人生のピークは自分次第！　人よりちょっと遅く始めたぶん、50代の私には、たくさんの「のびしろ」があったのです。

ブログやインスタグラムなど旬のツールで世界が広がった

チクチクの宣伝のために、2005年ホームページを開設しました。

その頃のチクチクは、まだまだ自宅での展示会が中心で、もっとたくさんの人に知って欲しいと模索していました。友人に低予算で制作してくれる方を紹介してもらい、希望通りのデザインに仕上がったものの、訪問者がいたのは開設当初だけ。マメに更新しないと見に来てもらえないのだと教わり、その頃、普及し始めていたブログを書くことにしました。

当時51歳だった私のパソコンスキルは、メールのやりとりやネットサーフィン程度。主人や友人に教えてもらいながら、なんとかブログのつくり方をマスターし、展示会の情報や雑誌の掲載情報以外にも、インテリアのこと、お出かけしたこと、日々の暮らしで感じたことなどを綴っていました。衣食住を含めた自分の生き方が、チクチクの生まれる背景にあるからこそ、プライベートも知ってもらいたいという思いがありました。

結果、服の問い合わせのほかにも、ブログを読んだ方から取材依頼をいただくことも多く、縁が広がりました。

2013年からはインスタグラムを始めました。それまでは、展示会の宣伝にはDMをつくっていろんなお店に置いてもらったり、お得意さまに発送したりしていましたが、最近では「インスタを見て来ました」というお客さまも増え、DMをつくることも減りました。メディアが変わるとつながる人も変わってきます。インスタのおかげで、若い世代との交流がいちだんと増えているのもうれしく思っています。

SNSの時代になり、自分が発信したいことを発信する、それが収入につながることが当たり前になってきました。私も「どんな風に発信するのが、いちばんいいのかな」と、自分なりに研究しています。

まず、インスタをアップするのは、朝7時台と決めています。その時間帯は通勤時間帯だからなのか、「いいね！」の数が多いのです。また、商品や仕事をするギャラリーの名前、取り引きしている作家さん、取材を受けた雑誌などにハッシュタグ（#＝検索用のキーワード）をつけ、なるべくたくさんの人の目にとまるようにしています。

そうやってSNSは積極的に使っていますが、通信販売はしていません。その理由は、「自分の手でお客さまに商品を渡す」ことを大切にしたいから。実物を手にしてちゃんと気に入ってから買って欲しいし、私自身も接客を通して、どんな方がどんなふうに着てくださるのかを知ったほうが、次の製作につながります。私が接客に立てないときには、ギャラリーやショップのオーナーさんに対応していただき、あとから様子をうかがうようにしています。

頑固者かもしれません。確かに、ネットで通販をした方がより多くの人の手に渡るでしょうし、展示のための場所代もかかりません。けれど、大量生産をして便利な方法で売るというのは、なんだか消費ばかりされてしまい、長続きしないように思うのです。だから、差別化という意味でも対極のところで踏ん張りたい。いろいろ考えた末の、弱小な個人事業主だからこそのポリシーです。

そもそもたくさん儲けようというよりは、自分の老後の資金になるくらいでいい。長く続けられるようにしたい。つながった人との関係にしっかり気持ちを向けていきたい。

広げすぎては、きっとその範疇を超えてしまいます。チクチクに興味を持ってくださる方、足を運んでくださる方を大切にしながら、服づくりを長く楽しみたいと思っています。

たくさんの妄想が
無謀なチャレンジを叶えてくれる

あるとき知人から、東京・板橋のギャラリー「ｆｕｄｏｋｉ（以下フドキ）」を紹介されました。さっそく、ギャラリーのホームページをチェックしてみると、過去の展示は実力のある作家さんばかり。

「私なんかでいいのかしら……」と不安になりつつも、まずはありのままの自分を知っていただこうと、ギャラリーの方を自宅にお招きすることにしました。当時のオーナーは浅野義夫さんと千里さんのご夫婦でしたが、一緒に運営しているお嫁さんたちまで勢ぞろいで埼玉のわが家まで来てくれたのです。あたたかい人柄に会話がはずみ、その後、私もギャラリーにうかがって、個展を開くことが決まりました。

けれど、はやる気持ちを抑えて、個展を開くまで「1年半、待っていただけますか」とお願いをしました。フドキの空間を見て、かねてよりやりたかったイメージが実現できるかもしれないと思ったからです。

建築家がリノベーションをしたというフドキの建物は、2階建てになっていました。1階はコンクリートの床に白い壁だけのホールのような空間。2階にあがると雰囲気が一転し、木の什器が置かれた落ち着いた空間が広がっています。

通常、どの作家さんも2階で展示販売をしていたようですが、私は誰にも使われていなかった1階の空間に興味を持ちました。素っ気ないつくりが、私がイメージする展示を引き立てそうな可能性を感じたのです。

ここでインスタレーションをしてみたい――。得意の妄想が広がりました。そのインスタレーションとは、エプロンを使った表現でした。シンプルな白いエプロンをつくり、それをさまざまな職業の方々に配って1年ほど身につけてもらったあとで展示をするという内容です。

園芸家、書道の先生、絵を描く人、料理人など、仕事内容によってエプロンに付着するものは違ってくるはず。私は白いエプロンをキャンバスに見立て、日々の作業の積み重ねによって刻まれた跡を、絵のように展示してみたいと思いました。私が古道具を好きなのは、経年変化によって意図せず生まれた表情に惹かれるから。この企画で、私はその「経年変化」をテーマにしたのです。

まずはエプロンをデザインし、作家仲間や仕事を持つ友人に声をかけ、十数人に着てもらいました。イメージしたような結果になるかどうかは、やってみないとわかりません。1年間、ドキドキした気持ちで待っていましたが、1年後に受けとったエプロンの数々は、見事に違う表情を描いていました。

こうして迎えたフドキでの個展、「図画・工作の時間 2010」。着用したエプロンの展示のほかに、着た人が実際に働いている姿を写真と映像におさめ、プロジェクターで映しました。インスタレーションなんて初めてのことでしたが、訪れたお客さまたちの表情を見ると、楽しんでくれている様子がわかりました。

アーティストでもなんでもなく、無謀ともいえるチャレンジを実現できているのは、私のこの妄想癖の強さにあります。無理かもしれない、けれどやってみたい、やってみたら面白いに違いない！　そうやって思いをだんだんと膨らませることで、行動に移すことができる気がします。

60歳にして、初めての著書を出版。さまざまなことが実り始めた

自分のまいた種が花を咲かせ、実りを結ぶまでには、時間がかかるもの。60歳を目前にして、それを実感できる出来事が起こりました。初めての著書の出版です。タイトルは『古い布でつくる』。2007年に開催した個展の内容（P190）がもとになったもので、アンティークのリネンや昔の穀物袋など、古い布を材料にしたものづくりについて紹介する内容でした。私が還暦を迎えた2014年に、主婦と生活社より出させていただきました。

約1年間の制作期間を経て、自分の本が書店に並んだときの気持ちは意外にも心細いものでした。こんなにたくさんの本が並ぶなかで、こんなニッチなテーマの私の本を手に取ってくれる方がいるのだろうか……。あらためて「趣味の合いそうな人に知ってもらう機会をつくらなくては」と思い、古書店兼ギャラリーを運営する

森岡督行さんに著書を渡したこともあります。すると、そのご縁で森岡さんが次にオープンする「森岡書店　銀座店」で、展示をさせてもらえることになったのです。

その新店舗は「1冊の本を売る書店」をテーマにしていました。およそ5坪の小さな空間に、1冊（1種類）の本を並べ、それにまつわる展示をするという新しいコンセプトです。私は著書のほか、古い布でつくった服を売り物として並べました。素材も貴重でつくるのにも手間がかかる古い布の作品は、それなりの値付けになってしまいます。売れるかどうか心配でしたが、初日からとても好評でした。

それまで私は、古い布で服をつくっても仕事にはならないと思っていました。古道具屋時代、好きなものだけを集めて商売にならない経験をしてきたので、ターゲットを狭めることに慎重になっていたのだと思います。しかし、銀座の書店での成功は私に自信をつけてくれました。たとえ少数でも買ってくださる方がいるなら、古い布の服もつくり続けよう――。私のこれからの人生の楽しみが、またひとつ広がりました。

視点を変えての物件探しで、自分の場所を持つ

思い起こせば、借金を残したまま古道具屋を閉店した40代のあの日、「二度と店は持つまい」と心に誓ったはずでした。あれから15年以上の月日を経て、「今ならば自分の場所を持つことができるかも」と、考えるようになりました。古道具は「仕入れて売るもの」だったのに対し、チクチクの服は「自分でつくって売るもの」だから、利益率に違いがあります。古道具に比べたら、まだチクチクのほうが自転車操業でも利益は出ていたからそう思えたのです。

とはいえ、失敗を繰り返さないためには、「売り上げに対して負担のない家賃」を守らなくてはいけません。大きな保証金を払うことも避けたいと思いました。そこで私は視点を変えて、不動産屋さんを通して探すのではなく、知り合いづてに「使っていない部屋」がないだろうかと、探してみることにしたのです。

そうして交渉の末、２０１５～１７年までの3年間、埼玉県川口市で友人の高橋夫婦が営む「センキヤ」内のひと部屋を、チクチクの店舗として間借りさせてもらいました。センキヤは駅から少し離れた場所にありますが、カフェと雑貨店を併設しているので、チクチクのお客さまがはるばる遊びにきても、カフェで休憩したり雑貨店に立ち寄ったり、プラスアルファーを楽しんでもらえます。間借りすることにはそんな心強さもありました。

知り合いから物件を探すなんて、難しいと思う人も多いでしょう。でも、各地で空き家問題が取り上げられているように、意外に使われてない物件はあるものです。私はセンキヤのほかにも、もう一カ所、自宅のすぐ近くに知り合い経由で空き部屋を見つけて借りました。そこは「作業所」と称し、製作やストックの管理に使っています。

さて、センキヤの3年間を終えたあとのこと。間取り図を見るのが趣味の私は、いつものようにネットの不動産情報を見ていたときに、偶然にもピンとくる物件に出合いました。

わが家から車で10分、古いスナックの跡地です。家賃がとても安く、内装を取り払ったスケルトン状態。ちょっとペンキを塗ればすぐに使えそうでした。最寄り駅から徒歩5分のアクセスと、1階物件で搬入や搬出がラクなのも魅力でした。

ネックはトイレがないこと。そのために倉庫物件として、保証金ナシの格安家賃で貸し出されていたのです。誰に話しても「トイレがないなんて、ふつうは借りない！」と驚かれましたが、そもそもトイレがあったなら相場通りの値段になってしまい、私には借りることはできなかったと思います。ここでの営業時間は短めのつもりだったし、私はトイレが遠いから大丈夫。お客さまには、トイレは駅ですませてきてもらおう……。大胆な決意のもと、さっそく契約をかわしました。

この物件は「山中倉庫」と名づけ、2018年3月より、ギャラリー&ショップとして不定期オープンしています。

いざ始めてみると、トイレがないのは不便なこともあったのですが、1年後、山中倉庫の2階部分を借りられることになりました。6畳和室と台所の間取りで、お風呂はないけれどトイレはあるから、トイレ問題は無事解決です。

私はこの2階の部屋を「山中荘」と名づけて、ワークショップなどにも使うことにしました。こうして空き部屋が見つかったのは「運」かもしれませんが、運というものは自分が動くことによって引き寄せられるのではないかと、最近はつくづく思っているのです。

2019年8月現在、私の仕事の拠点は3カ所になりました。製作とストック管理の「作業所」、ギャラリー&ショップスペースの「山中倉庫」、ワークショップなどを開く「山中荘」です。すべて合わせても家賃は7万円弱。今のところは払える範囲におさまっています。

資金50万円からの挑戦で働き方改革！

気力も体力も振り絞れた50代とは違って、無理をしたあとの回復が、一段と遅くなるのが60代です。自宅の外に仕事場を持つようになったのは、主人に気を遣ってのことでしたが、結果として、私自身もオンオフの切り替えがつくようになり、体を休めることの大切さを実感しました。

現役でより長く働き続けるために、「働き方改革」をしよう。

チクチクの服を自分でつくることに体力の限界を感じていた私は、60代の自分に見合った仕事のペースを確立するため、念願だったプロダクト（縫製工場での生産）にシフトチェンジをはかりました。

少ない数で請け負ってくれる縫製工場は、希少な存在です。単発の発注を試みたりしながら、探し続けること約3年。ようやく条件の合う工場を見つけました。最初にオーダーしたのは、ワークコートです（P173の写真）。貯金通帳の残高とにらめっこし、50万円分を思い切って発注しました。

このときは完売とはならず、在庫の数枚を藍で染め直して再度販売するという奥の手を尽くし、赤字だけは避けることができました。

その後も少しずつプロダクトの割合を増やし、2018年に大勝負をかけて、すべてのアイテムをプロダクトで発注しました。

出て行くお金はこれまでと比べものにならない金額です。もし売れなかったら大赤字になってしまう……。そう考えると生きた心地がせず、移動販売の予定などをたくさん組んで、工場への支払いを乗り越えました。その一時期は、働き方改革どころか余計に忙しくなってしまったけれど、新たな挑戦に向き合っているという高揚感が、エネルギーになっていたのだと思います。まだどうにか踏ん張りがきく60代前半に決心をしたのはよかったかもしれません。

そこに至るまでたくさん悩みました。長年、布作家として活動してきたのに、自分の手でつくらない服を並べても、お客さまがガッカリするかもしれない。そうなったらもうチクチクは続けられないかもしれない……。

けれども、自分でつくることにこだわっていたら、体が追いつかずに先細りになることも目に見えています。頭のなかにやりたいことのイメージがあるうちは、がんばっていきたい。これからは、デザイナーとしてものを生み出していこう。いつだって、その時々の自分のできる範囲で、やり方を見つけていくしかないのです。前向きに考えて気持ちを切り替えました。

およそ3年かけてシフトチェンジをし、今は企画、デザイン、プロモーションなどの仕事に打ち込んでいます。

2018年には北京や台北など、海外での展示会にも参加することができました。海外旅行の経験だって2回しかない私が、まさか仕事で海外に行くなんて思ってもみませんでした。

プロダクトにしたことで、自分で縫うのは難しかったシルク素材も取り入れられるようになりました。今、あらためて服をデザインすることのおもしろさを感じています。

人生の最後まで「今」を大切に楽しみたい

２０１９年、私は65歳となり、チクチクは立ち上げから17年目を迎えました。49歳からの遅いスタートだったせいか、いつまでも駆け出し気分でいましたが、意外に経験を積んでいたことに驚いています。その歳から始めても、続けていればちゃんと仕事にできる。ぜんぜん遅いスタートではなかったのだと思いました。

振り返れば、チクチクを始めた頃の私は、「60歳までがんばれたらいいいな」なんて、ぼんやりとした目標を持っていました。

ところが、いざ60歳になってみると、これまでの経験と経験がつながって、著書の出版や店舗の間借りなど、新たなスタートを切ることが続きました。

「これならば、63歳まではやれるかも」「いや、65歳まではいけそうかも」と、私の現役目標は、年々更新されていきました。仕事が楽しくてたまらない毎日のなかで、65歳の誕生日がくるまでの月日は、あっという間でした。

つい先日、私より少し年上の元カフェオーナーさんとお茶をしたときのこと。その方が「またいい物件に出合えたら、カフェをやりたいな」と話すのを聞いてハッとしたのです。70歳を過ぎても、やる気ってまだまだ持てるものなんだ……！　もしかしたら私も、70代になっても、まだまだやりたいことに夢中になれるかもしれない。かっこいい先輩の好奇心いっぱいな姿に励まされ、希望を感じた瞬間でした。

とはいえ、私の姉は60代で他界しています。自分の身にいつ、何が起こるかなんて誰にもわかりません。60代に入ってからの私は「もう人生の時間がない」と日頃から思うようになりました。「いつか」や「またの機会」がくるとは限りません。そう思うと決断が速くなり、店舗を決めたりプロダクトに移行したり、次々に実行することができたのです。

若い頃と違って気がラクなのは、「いつやめてもいい」とも思っていること。

「やりたいことをして、今を楽しむ」のが目的だから、長く続けることを目的にしなくてもいいのです。

たとえば、センキヤに間借りをするときにも、最初から3年間を目安にしました。いつまでやっていけるのだろうかと不安を抱えるより、「3年間はがんばろう！」と割り切ってみる。すると「できるかも」と前向きになれるのです。

次々に行動に移せるようになった背景には、失敗を含めたこれまでの経験によって、スキルや判断力が高くなっていることも、もちろんあるでしょう。人は年々、成長していける。時を重ねたぶんだけ、私は自分を好きになることができました。

だから私の人生は、いつでも今がいちばん幸せ。これからも、過去でも未来でもなく、今を味わい、楽しんでいきたいと思います。

おわりに

全国のショップやギャラリーを訪れたり、トークイベントに登壇したり、チクチクの活動が広がるに連れ、若い人からの相談が増えました。

小さなお子さんがいて毎日が思うようにいかない人や、介護中のために時間のない人、また、自分が何をしたいかわからなくて悶々としている人もいます。

そんなとき私はいうのです。まだ時間があるから大丈夫。たとえどんなに小さなことでも自分の「好き」を大切に、こだわり続けていれば、何かしらの形になっていくから――と。今の自分にできることを、見逃さないで欲しいと思うのです。

私は何かを始めるときに、「自分が持っているもの」「身近にあるもの」を再点検します。そこから何ができるかを、工夫するプロセスが好きです。

たとえば店を始めるときって、「理想」から考えてしまう人が多いと思います。白い空間に木の家具を置いて雑貨を並べる。漆喰の壁にアンティークの家具をそろえる。そんなふうに理想をゴールにして形をつくっていくと、結果、見たことのある、どこにでもあるような店しかつくれません。

そうではなくて、身近にあるもの、たまたま見つけたものをどう生かそうかという順番で考えてみると、自分でも思いもよらない方向へ転がっていきます。それが個性になるのです。

もしもカフェを始めるとしたら、センスがいい店を開こうとは考えず、自分ができること、得意なことをする。美しい料理はつくれなくても、小鉢料理のレパートリーがあるならば庶民的なくつろげる店がつくれるし、コーヒーしか出せないとしても、店主に惹かれて人が集まることだってあります。

「こういう店を持ちたい」から始めずに、「自分ができること」を広げていけば、自分にしかできない店が開けると思うのです。

私はたまたま仕事が好きですが、もちろん仕事でなくてもいいと思います。みんなが夢を叶えているから自分も何かしなくちゃと焦ることは、先ほどの話と一緒で理想から考えているのかもしれません。もっともっと自分の本音で考えていいのかも……。

もしも誰かに認められたい気持ちがあるのだとしたら、それを正直に受け止めて、仕事じゃなくても認められることを考えてみる。ささやかだと思っていた特技を喜んでくれる人が、どこかにいるかもしれません。自分が本当に望んでいるのは何かを、見つける力を鍛えていくと、いくつになっても、どんな状況でも、楽しみを拾い上げることができます。

人生は、自分の思い通りになることのほうが少ないかもしれません。解決できない出来事もあります。だからこそ、何かを叶えられたときの喜びが大きいのだと思います。

時が与えてくれるものを大切に。「経年変化」を楽しんでいきましょう。

山中とみこ

山中とみこ

布作家／専業主婦、古道具屋店主、小学校の特別支援学級の補助職員などを経て、二〇〇三年、49歳のときに大人の普段着のレーベル「CHICU＋CHICU 5／31（ちくちくさんじゅういちぶんのご）」をスタート。現在は、埼玉県所沢市にてギャラリー&ショップ「山中倉庫」を不定期オープンしているほか、全国のギャラリーなどで展示会を開いている。著書に『古い布でつくる』（主婦と生活社）がある。
Instagram：@chicuchicu315

50代、60代からの衣職住
時を重ねて、自由に暮らす

二〇一九年十月十日　初版第一刷発行

著者　山中とみこ
発行者　澤井聖一
発行所　株式会社エクスナレッジ
〒一〇六-〇〇三二
東京都港区六本木七-二-二六
http://www.xknowledge.co.jp/

問い合わせ先　編集　電話　〇三-三四〇三-六七九六
ファックス　〇三-三四〇三-一三四五
info@xknowledge.co.jp
販売　電話　〇三-三四〇三-一三二一
ファックス　〇三-三四〇三-一八二九